책 쓰기!
나도 할 수 있다

ㄹ

글과길

책 쓰기!
나도 할 수 있다

김도인 저

발행일	2021년 10월 5일
펴낸곳	글과길
	등록 제2020-000078호[2020.5.29]
	서울특별시 송파구 삼학사로 19길5 3층 [삼전동]
	wordroad29@naver.com
편집	이영철 ibs5@naver.com
디자인	디자인소리 ok@dsori.com
공급처	하늘유통
	경기도 파주시 광탄면 분수리 350-3
	전화 031-947-7777
	팩스 0505-365-0691

ISBN 979-11-973863-4-3 03230
가격 14,000원

책 쓰기! 나도 할 수 있다

책 쓰기!
나도 할 수 있다

추천사

집 나간 며느리의 발길을 돌린다는 가을 전어구이!
저자가 '가을 전어'다.
저자의 책이 가을 '전어구이'다.

2014년에 저자의 <아트설교연구원>에서 공부를 시작했다.
코로나 핑계로 작년부터 쉬고 있다.
오늘 《책 쓰기! 나도 할 수 있다》를 읽었다.
가을 전어구이 냄새가 내 마음을 돌려놓았다.
"아트 공부, 다시 해야지…."
"책 쓰기, 다시 해야지…."

저자와 공부할 때가 가장 행복했다.
저자와 공부하면서 나는 놀랍게 발전했다.
설교가 그랬다.
목회가 그랬다.

내 삶이 그랬다.

'설교는 글쓰기'가 되었다.

'글쓰기가 되는 설교자'가 되었다.

'들리는 설교', '공감력 있는 설교', '설득력 있는 설교'가 되었다.

마침내 나의 첫 번째 책, 《그리스도인은 소프트아이스크림을 먹는다》를 출간했다.

저자에게는 사람의 마음을 움직이는 감화력이 있다.

저자의 책은 삶을 바꾸는 설득력이 있다.

코로나 2년 차 가을에,

저자가 《책 쓰기! 나도 할 수 있다》를 들고 나타났다.

역시,

'가을 전어'였다.

가을 '전어구이'였다.

"나의 두 번째 책으로 에세이집을 출간해야지…"라고 생각했는데,

올겨울에 따끈한 군고구마로 내놓아야겠다.

코로나 피로가 쌓여 도무지 입맛을 찾지 못하는 2021년 가을,

저자의 책 '가을 전어구이'!

'강추'다.

이언구 목사용문교회 담임, 《그리스도인은 소프트아이스크림을 먹는다》의 저자

작가 애니 딜러드는 글쓰기의 과정을 마치 거대한 대리석에서 정과 망치로 형상을 만들어가는 과정이라고 말했다. 너무 적절한 비유가 아닐 수 없다. 나도 지금까지 여러 책을 쓰면서 느낀 점이기 때문이다. 망치로 하나하나 깨어 나가야 할 만큼 지난하고도, 때로는 진저리나는 과정이 글쓰기다.

요즘같이 문해력이 사라지고 사고력이 증발한 시기에, 글쓰기는 우리가 현대 문명에 맞설 수 있는 유일한 저항이라고 생각한다. 문명의 한 톱니바퀴로 급격히 전락하는 이 순간에 글쓰기는 인간다움이 무엇인지 느끼게 해 주기 때문이다. 그래서 헤밍웨이는 "글을 쓰는 순간 뇌의 활동이 본격적으로 시작된다"라고 글쓰기를 예찬하지 않았던가. 사고력의 시작과 끝이 글쓰기에서 비롯되기 때문이다.

이 책을 읽는 모든 분에게 간곡히 부탁하고 싶은 부분이다. 어떤 목적을 가졌건 간에, '인간다움'을 느낄 수 있는 신성한 행위가 바로 글쓰기다. 이 책을 읽으며 한 인간의 숭고한 작업을 다짐하는 당신을 응원하며, 이 책을 진심으로 추천한다.

모든 독서는 글로 써야 비로소 완성된다. 말은 마음의 소리요, 글은 마음의 그림이다법언.

박양규 교회교육연구소 대표, 《인문학은 성경을 어떻게 만나는가》의 저자

저자 김도인 목사님은 답 없이 답답하게 살아가는 시대에 '책 읽기'와 '책 쓰기'가 답이라고 말한다. 본인은 이미 5천 권이 넘는 책을 읽었고, 14권의 책을 썼으며, 올해만 5권째 책을 출판한다고 한다.

이 정도면 '난 이만큼 책을 많이 읽었다'라고 자랑할 만하지만, 오히려 배워야 할 것이 무궁무진하다고 자신을 낮춘다. '나는 이렇게 많은 책을 쓰고 있는데 당신들은 뭐 하느냐?'라고 질책하지도 않는다. 오히려 당신도 책을 쓸 수 있으니, 우리 함께 책을 써 보자고 손을 내밀어준다.

어설픈 자랑이나, '이 정도는 되어야 너도 할 수 있어'라는 꼰대 같은 조언이 없어 누구나 공감하며, 무릎을 치며 술술 글을 읽게 한다. 글을 읽을 수 있는 호흡과 리듬이 숨 가쁘지 않게, 한 호흡으로 읽을 수 있도록 배려해 준다. 결국 손에 첫 페이지를 펴들고 앉은 자리에서 마지막 장까지 읽어 내려가게 만든다.

고전에서부터 현시대의 베스트셀러까지 넘나들며 다독과 정독, 깊은 사색과 묵상의 결과물들을 제공하면서도, 아직 거기까지 미치지 못한 이들도 함께 할 수 있는 길을 친절히 제시해 준다.

그래서 이 책은 '나도 책 읽기와 책 쓰기에 도전해 볼까?' 하고 망설이고 있는 분들에게 너무나도 필요한 책이다. 책 쓰기를 도전조차 해볼 생각이 없었던 분들에게도 새로운 삶에 도전해 보도록 용기를 준다.

하지만 누구나 책을 쓴다고 해서, 아무렇게나 책을 쓰라고 말하지 않는다. 오히려 누구나 책을 쓸 수 있기에, 절제되고 정제되어 꼭 필요한 삶의 지혜를 남기는 글을 쓸 수 있도록 자신의 지혜를 아낌없이 내놓은 책이다. 우리가 살아온 삶을 활자로 남기고, 지혜로 남겨 후대에 공감할 만한 삶의 철학과 지혜를 남기는 법을 가르쳐 준다. 모두 남다른 삶을 살아가지만, 참으로 남다른 삶을 증명하는 법이 책을 쓰고 글을 남기는 것이라고 말한다.

김도인 목사님은 남들에게 자신의 지혜를 아낌없이 나누는 삶을 이 책에서 실천하고 계신다. 누구나 한 번쯤 감성에 젖어 밤새 쓴 글을 다음날 휴지통에 던져본 경험이 있으신 분들이라면, 이 책은 여러분들에게 용기를 주는 책이 될 것이라고 믿는다.

박종순 목사 제자들교회(미국 캘리포니아) 담임, 《열혈독서》 저자

김도인 목사의 책은 실제적이다. '원리'만 제시하지 않고 '방법'까지 이야기한다. 문제를 지적하는 사람은 많다. 중요한 것은 해결 방법이다.

코로나19로 인해 세상의 규칙이 바뀌고 있다. 언택트가 일상이 되었다. 함께하는 것보다 혼자 하는 것이 더 편한 시대가 되었다. 직접 만나지 않고도 많은 것을 할 수 있게 되었다.

신앙생활도 바뀌고 있다. 온라인 예배를 드리고, 비대면 모임을 한다. 사람들은 하나님을 전하는 것이 힘들어졌다고 말한다. 더는 예전처럼 전도하기 어렵다. 이제 방법을 바꾸어야 한다.

김도인 목사는 책 쓰기야말로 가장 강력한 복음의 도구라고 주장한다. 잘 쓴 책 한 권이 수많은 사람에게 영향을 줄 수 있기 때문이다. 책 쓰기

는 코로나19 이후 복음 전도의 가장 강력한 무기가 될 수 있다.

김도인 목사의 책은 코로나19 이후 시대를 그리스도인이 어떻게 살아가야 할지 대안을 제시한다. 저자의 말대로 책 쓰기가 그리스도인의 새로운 사명이 될 수 있다. 책 읽기부터 출판하기까지 본인의 경험을 책에 잘 녹여놓았다.

이 책을 읽고 모두 작가의 삶을 살아가기를 축복한다. 하나님의 영광을 전하는 멋진 작가들이 많이 나오기를 기대하며 적극적으로 추천한다.

김현수 목사 행복한나무교회 담임, 《메마른 가지에 꽃이 피듯》의 저자

사람은 자신을 과소평가한다. '기대 이상'이 아닌 '기대 이하'의 존재로 생각한다. '나 같은 사람이 뭘?'이라고 생각한다. 나 역시 마찬가지였다. 나 같은 사람이 책을 쓴다는 것은 상상도 해보지 못한 일이었다. 하지만 벌써 네 권의 책을 낸 저자가 되었다. 나의 책이 출간되어 손에 쥐어졌을 때의 감격이 아직도 생생하다. 너무나 행복했다. 세상을 다 가진 것 같았다.

책을 쓴다는 것은 아무나 할 수 있는 일은 아니다. 그렇지만 누구나 도전할 수 있는 일이다. 따로 주어진 자격이 있지는 않다. 문제는 어떻게 도전해야 할지를 모른다는 것이다. 이런 사람들을 위해 김도인 목사님이 《책 쓰기! 나도 할 수 있다》라는 책을 세상에 내놓았다. 이 책은 저자

의 경험을 바탕으로 쓰인 책이기 때문에 더 피부에 와 닿는다.

　책 쓰기는 용기가 필요하다. 자신감이 필요하다. 당신을 과소평가하지 말라. 이 책을 통해서 당신은 책을 쓸 수 있다는 용기를 얻게 될 것이고, 작가로서 첫걸음을 시작하게 될 것이다. 책은 나의 족적을 남긴다. 내가 죽은 이후에도 영향력이 나타난다. 복음을 전할 수 있는 도구가 된다. 작가가 되고 싶은 당신에게 이 책은 좋은 나침반이 될 것이다.

이재영 목사 잠실주담교회 담임, 《희망도 습관이다》의 저자

김도인 목사님은 성실한 분입니다. 김 목사님은 조국 교회를 사랑하는 분입니다. 특별히 목회자들의 성장을 도와주는 분입니다. 참 귀한 사역자이십니다. 묵묵히 준비하고 공부하여 영향력 있는 사역을 힘차게 일구어내는 분이십니다. 목회자의 선생님이라 말할 수 있겠습니다.

　조국 교회가 코로나19의 어려움 가운데 신음을 하고 있습니다. 저는 현장에서 목회하는 목회자로서 참으로 안타까울 때가 여러 번 있었습니다. 예배를 자유롭게 드리지 못하는 안타까움이 있습니다. 믿음이 연약한 성도들이 교회를 이탈하는 모습을 봅니다. 유튜브 예배가 더 좋다고 현장 예배를 거부하는 성도도 있습니다. 목회자들은 출구가 보이지 않는 현실 속에서 한숨 어린 기도를 하기도 합니다.

　그러나 김 목사님의 《책 쓰기! 나도 할 수 있다》에서 한 줄기 희망을

봅니다. 책 읽는 목회자, 공부하는 목사님, 글 쓰는 주의 일꾼들이 조국 교회를 다시 한번 반석 위에 세워 놓을 것을 확신합니다. 위기가 기회라는 말을 믿습니다. 마스크를 쓰고 입을 다물라는 시대에, 입은 다물고 기도하는 지도자들이 많아지기를 소원해 봅니다. 입은 다물고 책을 읽는 시간, 글을 쓰는 시간이 늘어나길 기대해 봅니다.

나도 책을 쓸 수 있다는 기대감과 확신으로 책 쓰는 목회자들이 더 많아지기를 기도해 봅니다. '거룩한 독서'렉시오 디비나 Letio Divina를 통해 '되새김'루미나시오 Ruminatio을 깊이 하면 성숙한 지도자가 될 것입니다. 발효식품처럼 숙성되고 효과적인 지성을 준비하면 양질의 책들이 출간되리라 기대합니다.

김도인 목사님은 《책 쓰기! 나도 할 수 있다》를 통해 희망과 긍정의 메시지를 전하고 있습니다. 목회자들과 성도들에게 제2의 부흥을 꿈꾸게 합니다.

박윤성 목사기쁨의 교회 담임,《톡톡 요한계시록》의 저자

프롤로그

ㄱㄴㄷㄹㅁㅂㅅ   ㅇㅈㅊㅋㅌㅍㅎ

책을 써서 이름을 남긴다

"호랑이는 죽어서 가죽을 남기고, 사람은 죽어서 이름을 남긴다."

이름을 남긴 삶은 가치 있는 삶이다. 그러나 아무나 이름을 남기지는 못한다. 자신이 살아온 궤적을 남겨야 그 이름도 남는다. 책을 쓰는 것은 나의 삶의 궤적을 남기는 일이며, 나의 이름을 남기는 일이다.

우리가 율곡 이이, 다산 정약용, 연암 박지원을 아는 것은 그들이 좋은 책을 썼기 때문이다. 그리고 그 책이 지금까지 남아 있기 때문이다. 책을 써서 이름을 남길 수 있다면 책 쓰기는 도전해 볼 만한 일이다.

요즘 책 쓰기는 특별한 사람들만의 전유물이 아니다. 평범한 사람들도 다 책을 쓴다. 하물며 창조주 하나님의 자녀인 그리스도인이 책을 쓰는 것은 고민할 거리도 아니다.

세상은 책 쓰기의 열풍이 불고 있다. 너도나도 책 쓰기에 도전하고 있다. 그리스도인의 책 쓰기는 어떤가? 예전보다 관심이 높아지기는 했다. 그러나, 세상의 열풍과 비교하면 아직 미풍에 불과한 것 같다.

누구나 책을 써야 한다. 그러나 아무나 책을 쓰지는 못한다. 그 이유는, 책 쓰기의 가치를 잘 모르기 때문이다. 그리고 책 쓰기가 어렵다는 선입견 때문이다.

책은 아무나 쓰는 게 아니다?

주위 사람들에게 책을 쓰라고 하면 이런 말을 한다.

"책은 아무나 쓰는 게 아니잖아요!"

아니다. 책은 아무나 쓸 수 있다. 물론 잘 쓴 책, 잘 팔리는 책은 아무나 쓸 수 없다. 그러나 책은 아무나 쓸 수 있고, 또한 아무나 써야 한다.

사실, 책을 쓰지 않아도 사는 데는 아무 지장이 없다. 하지만 하나님의 원대한 뜻을 이루고자 한다면 책을 써야 한다. 자신의 행복한 삶을 꿈꾸고 있다면 책을 써야 한다. 더 나아가 가치와 의미를 추구하는 삶을 살려면 책을 써야 한다.

그리스도인이 책을 써야 하는 이유는, 하나님께서 먼저 모범을 보이셨기 때문이다. 하나님은 세상에 생명과 구원을 가져다주시기로 계획하셨다. 그리고 그 뜻을 이루기 위해 책을 쓰셨으니, 곧 성경이다. 하나님은 인간 저자들을 사용하여 성경을 쓰게 하셨다.

하나님께서 책을 도구로 사용하셨다는 사실에 우리는 주목해야 한다. 하나님께서 세상을 구원하시려고 책을 쓰셨다면, 우리도 그 구원의 도를 널리 알리기 위해 책을 써야 한다.

그런데 우리는 책을 쓰기보다는, 하나님의 책인 성경을 읽는 것으로 만족하려고 한다. 검색당하는 자가 되기보다는 검색하는 자로 살려고 한다. 이를 뒤집어야 한다. 뒤집기 위해 '콘트래리언'Contrarian이 되어야 한다.

'콘트래리언'은 '남들의 의지와 반대 방향으로 도전하는 사람'을 일컫는 말이다. 위키피디아에 따르면 '콘트래리언'이란, '다수의 입맛에 맞지 않고 아무리 인기가 없더라도, 그들이 취한 포지션과 정반대의 포지션을 취하는 사람'을 말한다.

이신영은 그의 책《콘트래리언》에서 세 가지 말로 '콘트래리언'을 설명한다. 첫 번째는 '역逆'으로, 거꾸로 가는 사람들이다. 두 번째는 '패敗'로, 실패를 성공의 기회로 바꾼 사람들이다. 세 번째는 '탈脫'로, 지식, 권위 등을 내려놓을 줄 아는 사람들이다.

그리스도인은 콘트래리언이 되어야 한다. 책을 읽기만 하는 자가 아니라, 책을 쓰는 자로 뒤집어야 한다. 책 쓰기에서 세상보다 뒤처진 상황을 앞서는 상황으로 뒤집어야 한다.

코로나19 상황 속에서 교회의 신뢰도가 급격히 추락했다. 그 결과 세상이 교회를 불편하게 여기게 되었다. 우리의 할 일은 교회를 향한 세상의 신뢰를 회복하는 것이다. 세상이 교회를 불편하게 여기지 않고, 반기도록 바꾸는 것이다. 그러려면 교회가 세상에 꼭 필요하다는 것을 알려주는 책을 써야 한다.

책은 사람들의 관심을 끈다. 사람들의 관심을 끄는 좋은 책은 교회의 신뢰도를 끌어올릴 수 있다. 그러므로 신앙생활만 열심히 하는 것에 그치지 말고, 책을 써서 세상에 영향을 미치는 콘트래리언이 되어야 한다.

상황을 뒤집는 것은 사람이다. 그리고, 사람이 쓴 책이다. 그러므로 책을 써야 한다. 책을 써서 상황을 뒤집어야 한다.

책 쓰기에서 세상보다 앞서야 한다

그리스도인의 신앙생활에서 빠질 수 없는 것이 독서이다. 그래서 나는 《독서꽝에서 독서광으로》에서 '독서가 신앙생활'이라고 말했다. 그러나 독서에 그쳐서는 안 된다. 독서에서 더 나아가 책을 쓰는 것이 신앙생활의 결정체라고 생각한다. 왜냐하면 그리스도인은 세상에 선한 영향력을 미쳐야 하는데, 그 가장 좋은 방법의 하나가 책 쓰기이기 때문이다.

사람들은 자기보다 잘나 보이는 사람에게 관심을 기울인다. 자기보다 못해 보이면 거들떠보지도 않는다. 세상에 선한 영향력을 미치려면 세상 사람보다 조금이라도 나아야 한다. 생각과 지식에서 나아야 하고, 삶과 인품과 독서에서 나아야 한다. 그리고 책 쓰기에서도 나아야 한다. 책 쓰는 그리스도인을 세상 사람들은 높이 평가한다. 그래서 그들의 말을 들어보려고 한다.

사람들은 지식에 관심이 많다. 그러나 교회는 지식보다 영성에 관심을 기울인다. 우리가 알아야 할 것은, 영성 안에 지식이 담겨 있다는 것이다. 그러므로 지식과 영성을 따로 떼어 놓으면 안 된다. 교회가 영성과 지식을 따로 떼어놓은 결과, 세상보다 지식이 많이 뒤처지게 됐다. 그중에도 더 많이 뒤처진 것이 지식의 총합이라 할 수 있는 책 쓰기 영역이다.

책 쓰기!
나도 할 수 있다

그리스도인은 세상보다 지식이 뒤처지면 안 된다. 책 쓰기도 뒤처지면 안 된다. 만약 뒤처지면 한 세대 안에는 따라잡기가 어려워진다. 뒤처지면 안 된다는 것을 생생하게 보여주는 장면이 있었다. 독일 드레스덴에서 열린 '2019-2020 국제빙상경기연맹ISU 쇼트트랙 월드컵 5차 대회' 중계였다.

남자 1,500m 경기가 시작되고 얼마 지나지 않았을 때, 한 명의 중국 선수가 앞으로 치고 나가기 시작했다. 그런데 아무도 그 선수를 따라붙지 않았다. 뒤늦게 다른 선수들이 추격을 시도했지만, 이미 따라잡기에는 격차가 너무 크게 벌어진 뒤였다. 그 중국 선수는 실력이 월등히 뛰어난 선수가 결코 아니었지만, 결국 한 바퀴 이상 차이를 벌리며 여유 있게 1등으로 골인했다.

세상이 앞으로 치고 나가면, 그리스도인은 곧바로 따라잡아야 한다. 세상이 앞서나가는 것을 가만히 보고만 있으면 안 된다. 너무 차이가 크게 벌어지고 나면, 그때는 아무리 애를 써도 따라잡을 수 없게 된다. 책 쓰기도 마찬가지다. 너무 많이 뒤처지면 영영 따라잡을 수 없게 된다. 그 전에 힘을 내어 책 쓰기에 도전해야 한다.

믿음의 선배들은 따라잡는 자가 아니라, 앞서가는 자들이었다. 80년대까지 한국교회는 모든 면에서 세상보다 앞섰다. 그러자 세상이 교회를 본받으려 했다. 교회의 시스템을 배우려 했고, 그리스도인의 생각과 열정, 그리고 삶을 배우려 했다. 그러나 지금은 오히려 세상이 교회보다 훨씬 앞서 있다.

사도 바울은 세상 사람들보다 생각과 지식과 열정 등, 모든 면에서 앞선 사람이었다. 그래서 바울은 이렇게 말할 수 있었다.

> 운동장에서 달음질하는 자들이 다 달릴지라도 오직 상을 받는 사
> 람은 한 사람인 줄을 너희가 알지 못하느냐 너희도 상을 받도록 이
> 와 같이 달음질하라 _고전 9:24

그리스도인은 세상을 따라잡는 자가 아니라, 앞서는 자가 되어야 한
다. 지금 책 쓰기에서 뒤처져 있다면, 더 늦기 전에 따라잡아야 한다. 있
는 힘, 없는 힘을 다해서 따라잡아야 한다.

그리스도인이여! 책 쓰기에 도전하라

〈아트설교연구원〉에서 강조하는 것은 글쓰기와 책 쓰기이다. 책 쓰기
를 독려한 결과, 1년 만에 <아트 설교 시리즈>, <아트 에세이 시리즈>
로 13권 정도를 출간했다.

목회자와 그리스도인들은 책 쓰기에 도전해야 한다. 지금보다 더 활발
하게 책을 써야 한다. 그러나 현실은 그렇지 않은 것 같아 안타깝다. 세
상 사람들보다 책 쓰기에 관심이 적고, 도전하지 않는다.

책 쓰기 세미나에 갔을 때 받은 충격이 지금도 잊히지 않는다. 30살
전후의 젊은이들이 책을 쓰기 위해 세미나에 참석하고 있었다. 쉬는 시
간에 10여 명의 젊은이에게 종교를 물어보았더니, 그중 기독교인은 단
한 명도 없었다. 세상 사람들은 책 쓰기에 관심이 많다. 하지만 그리스도
인은 그리 관심이 없는 것 같다. 설교자들에게 글쓰기를 가르치고 있기

에 어느 정도 예상은 했었지만, 충격이 컸다.

그리스도인의 특징을 근면·성실로 본 독일 사회학자 막스 베버Max Weber의 말이 북유럽에만 해당할 뿐, 한국 기독교와는 관계없는 것 같아 착잡했다. 근면, 성실한 그리스도인이라면 세상 사람들이 관심을 두고 도전하는 일에 앞서가야 한다. 책 쓰기도 마찬가지이다.

복음을 전하는 최고의 방법은 책 쓰기이다

복음을 전하는 방법에는 몇 가지가 있다.

> 첫째, '말'이다.
> 둘째, '책'이다.
> 셋째, '삶'이다.

전에는 복음을 말로 전했다. 지금은 말로 복음을 전하면 사람들이 싫어한다. 하지만 책으로 전하는 것은 덜 싫어한다. 때론 좋아하기까지 한다. 만약 유명한 작가가 그리스도인이라면, 사람들은 그를 만나고 싶어 할 것이다. 그러므로 책을 쓰는 것은 복음을 전하는 매우 유용한 방법이다.

우리나라에는 유명한 목사 작가가 거의 없다. 그 주된 이유는, 목사들이 책을 쓰지 않기 때문이다. 책을 써도 그리스도인을 대상으로 하는 책만 쓸 뿐, 세상 사람들을 향한 책은 쓰지 않는다. 이제는 세상 사람들을 대상으로 하는 책도 써야 한다. 또한 책을 잘 쓰는 그리스도인 작가가 많이 배출되어야 한다. 그러면 그들이 쓴 책을 통해 기독교의 사상이 전파될 것이다.

우리가 책을 써야 하는 이유는 책의 영향력이 너무도 크기 때문이다. 좋은 책은 저자가 죽은 뒤에도 그 영향력이 약해지지 않는다. 그런 책을 가리켜 고전이라 부른다. 고전은 누구에게나 읽히는 책이다. 우리가 고전과 같은 책을 쓸 수만 있다면, 그 영향력은 상상을 초월한다.

지식을 추구하는 사람들, 혹은 사회 지도층들은 평생 책을 가까이하며 살아간다. 소위 성공한 사람들이 탄다고 하는 비행기 1등석 승객들은 모두 책을 읽는다고 한다. 나는 비행기 일등석은 타 보지 않아서 모르겠지만, KTX혹은 SRT 특실만 탑승해봐도 분위기가 많이 다른 것을 느낄 수 있다. 특실 승객들은 일반실 승객들보다 더 많이 책을 읽는다. 특실 승객 중에는 책을 읽거나, 노트북으로 타이핑하는 사람을 꽤 많이 볼 수 있다.

그리스도인들이여!

책을 써야 한다. 책을 써서 그리스도의 도를 세상에 전파해야 한다. 그러려면 책 쓰는 것을 하나님의 지상명령처럼 여겨야 한다. 책 쓰는 것이 하나님의 영광을 드러낼 수 있는 최고의 방법이기 때문이다.

우리는 성경의 저자들이 쓴 성경을 통해 생명의 사람이 되었다. 이젠 우리가 책을 써서 세상 사람들을 그리스도께로 인도해야 한다. 책이 사람을 만들고, 책이 사람을 살린다. 그러므로 책 쓰기는 목숨을 걸 만큼 가치 있는 일이다.

하나님은 책을 통해 일하신다. 책은 하나님께서 쓰시는 최고의 방법이

다. 하나님께서 성경을 통해 우리에게 먼저 다가오셨듯이, 이제 우리도
책으로 사람들에게 다가가야 한다. 그것이 책을 써야 하는 이유이다.

책 쓰기!
나도 할 수 있다

차 례

책 쓰기!
나도 할 수 있다

1장.
왜 책을 써야 하는가?

책쓰기는 축복이다

1. 책 쓰기는 하나님의 미션이다

2. 책 쓰기는 가장 가치 있는 도전이다

3. 책을 쓰면 꿈이 이루어진다

4. 관객이 아니라 선수로 뛰게 된다

5. 닫힌 인생이 열린 인생이 된다

6. 최상의 브랜딩을 갖추게 된다

책 쓰기!
나도 할 수 있다

1. 책 쓰기는 하나님의 미션이다

ㄱ ㄴ ㄷ ㄹ ㅁ ㅂ ㅅ ㅇ ㅈ ㅊ ㅋ ㅌ ㅍ ㅎ

책은 하나님을 알리는 최적의 도구

'하나님의 미션'이란 '하나님의 선교'를 말한다. 하나님의 미션에는 여러 가지 방법이 있다. 그중 하나가 책으로 선교하는 것이다. 배성우, 서상우가 공저한 《그리스도인의 책 쓰기 미션》이라는 책에서는 책 쓰기가 그리스도인의 미션이라고 말한다. 책 쓰기는 하나님께서 그리스도인에게 맡기신 미션이며, 의무이다.

우리나라는 기독교가 주류 종교로 자리를 잡았다. 외적 규모에서 보면 그렇다. 하지만 책만 놓고 보면, 주류가 아니라 변방 같이 느껴진다. 타종교, 특히 불교의 스님 중에는 책으로 불교를 알리는 작가들이 수두룩하다. 그러나 기독교는 우리끼리만의 리그를 펼치고 있다. 세상이 알아주는 목회자 작가는 찾아볼 수 없다. 그 이유는, 책 쓰기를 하나님의 미션으로 생각하지 않기 때문이다.

책을 통한 선교가 필요한 시대다. 코로나19로 온라인이 대세가 되자 책 쓰기를 통한 하나님의 미션이 더 중요해졌다. 그러나 대다수는 책 쓰기가 더 중요해졌다고 생각하지 않고, 코로나19가 멈추기만을 기다리고 있다. 책보다는 여전히 전통적인 방식의 목회를 추구하려 한다. 그래서는 안된다. 그리스도인은 책 쓰기에 적극적으로 동참해야 한다. 책으로 하나님의 미션에 열정을 보태야 한다.

세계가 우리나라 프로 축구인 'K 리그'를 아는가? 영국의 프리미어리그, 스페인의 프리메라리가, 독일의 분데스리가는 알아도 K 리그를 아는 사람은 거의 없을 것이다. 전에는 우리도 베트남 축구에 대해 거의 알지 못했었다. 지금은 박항서 감독 때문에 베트남 축구를 알게 되었다.

기독교를 알리려면, 사람으로 알리는 것이 기본이다. 사람으로 알리는 것은 책을 통해서이다. 베스트셀러의 파급력은 상상을 초월한다. 우리가 법륜, 혜민 스님을 아는 것은 그들이 전국적인 작가이기 때문이다. 기독교는 그저 대형 교회 밖에는 알려진 게 없다. 책의 파급력이 엄청나므로, 목회자가 전국적인 작가가 되어 탁월한 복음의 도구가 되어야 한다.

김도사김태광와 권마담은《김대리는 어떻게 1개월 만에 작가가 됐을까》에서 이런 말을 한다.

> "교회에서 신도들에게 설교함으로써 세상에 선한 영향력을 끼치는 데는 한계가 있다. 하지만 자신의 신념과 종교인으로서의 메시지를 한 권의 책으로 펴낸다면 그 책이 세상 곳곳을 누비며 분신처럼 자신이 하고 싶은 메시지를 전파하지 않을까?"

목회자의 설교는 세상에 선한 영향력을 끼치는 데 한계가 있다. 하지만 한 권의 책은 세상 곳곳을 누비며 큰 영향력을 미친다. 그러므로 그리스도인은 책 쓰기를 사명으로 알고 도전해야 한다.

복음은 사람들에게 전해져야 한다. 우리는 기독교의 강점을 사람들에게 알리기를 힘써야 한다. 그런데 기독교에 국한된 책으로는 어렵다. 세상 사람들이 쉽게 접근할 수 있는 일반 책으로 해야 한다.

기업들은 자신을 알리기 위한 마케팅에 막대한 돈을 쓴다. 사람들에게 알려져야 만든 제품을 팔 수 있기 때문이다. 우리는 하나님을 세상에 알려야 한다. 알리는 방법은 유튜브, 인스타그램, 페이스북, 강연 등 여러 가지가 있다. 그중에 가장 효과가 좋은 것이 책이다.

책은 특히 지식인들에게 큰 영향을 미친다. 하나님을 세상에 알리는 최적의 도구는 책이다. 그러므로 책 쓰기에 도전해야 한다.

불교는 책을 통해 세상과 소통하고 있다

2021년 5월 발표된 '갤럽' 종교 조사 결과, 비종교인들의 종교에 대한 호감도는 불교가 가장 높았고, 개신교가 가장 낮았다. '엠브레인 트렌드 모니터' 조사에서는 불교와 천주교에 대해서는 '긍정'적인 반응을 보였으나, 개신교에 대해서는 '부정' 응답이 높았다.

불교와 천주교가 개신교에 비해 좋은 이미지를 얻은 이유 중에 무시할 수 없는 것이 베스트셀러 작가들의 활약이다. 베스트셀러 작가들의 활발한 저술 활동이 사람들에게 좋은 이미지, 친근한 이미지를 심어준 것이다. 반면, 기독교에는 사람들에게 다가갈 수 있는 베스트셀러 작가가 거의 없다.

내가 독서를 시작하면서 놀란 것 중 하나가, 불교는 세상과 아주 활발하게 소통하고 있지만, 기독교는 전혀 그런 노력을 하지 않는다는 것이다. 오로지 교회 성장과 내부 교리 논쟁에만 몰두할 뿐이다. 그리고 세상에 대해서는 반지성주의 태도를 보이고, 인문학에 대해서는 인본주의라고 헐뜯으며 외면하고 있다.

독서를 시작할 당시에 천주교는 차동엽 신부, 불교는 법정, 법륜, 혜민, 마가 스님이 활발하게 책으로 소통하고 있었다. 이에 반해 목회자 작가는 거의 찾아보기 힘들었다. 특히 불교는 몇 명의 작가의 영향력이 대단하다. 나의 책《설교자와 묵상》을 출간할 즈음에 법정, 법륜의 책이 종교, 역학 분야 순위의 맨 앞에 있었다. 감히 '넘사벽'으로 느껴질 정도였다.

인터넷 서점 알라딘을 기준으로, 혜민 스님의 책《고요할수록 밝아지는 것들》이 2018년 12월에 출간된 이후 2019년 '종교와 역학' 분야 1위를 계속 고수하고 있었다. 그전에 출간된《완벽하지 않은 것들의 사랑》도 높은 순위를 점유하고 있었다.

더욱 두드러진 것은, 혜민이나 법륜 스님의 책은 '종합 순위'에서도 1위를 기록한다는 것이다. 이에 반해, 기독교에는 법정, 법륜, 혜민에 근접할 만한 목회자 작가가 없다. 독서를 시작한 지 13년째인데, 종합 순위에서 목회자가 1위에 오른 것을 한 번도 본 적이 없다.

성직자 수는 불교보다 우리가 훨씬 많다. 그러나 스님들의 책은 종합 순위의 상위에 자리하지만, 목회자들의 책은 고작 '종교와 역학' 분야에서만 상위에 오를 뿐이다. 종합 순위의 상위에 올라가지 않으면 세상 사람들의 관심을 끌 수 없다. 사람들이 기독교를 알고 싶어도 알기 힘든 상황이다.

세상에 진리를 알리려면 책을 써야 한다

우리는 하나님의 진리를 갖고 있다는 자부심이 대단하다. 하지만 세상은 진리를 모른다. 그들에게 진리를 알게 하는 것이 우리의 사명이다. 그 사명을 감당하려면 세상 사람들에게 알 기회를 만들어주어야 한다. 그 중 막강한 영향력을 가진 것이 책이다.

하지만 목회자들이 우물 안 개구리처럼 기독교 안에서만 대장 노릇을 하고 있으니, 세상 사람들이 알 턱이 없다. 왜 이런 현상이 빚어지는가? 내가 예전에 그랬듯이, 그리스도인들은 이렇게 말한다.

"성경을 보면 되지!"

조금 더 나아간 사람은 이렇게 말한다.

"기독교 서적만 보면 되는 거 아냐?"

이 말은 요즘 아이들이 부모가 먹을 것이 없다고 말하면, "엄마, 왜 먹을 것이 없어? 빵 먹으면 되지!"라고 말하는 것과 같다.

불교의 유명 작가들은 책을 통해 불교의 이미지를 좋게 하는 데 큰 역할을 하고 있다. 그렇다면 목회자들도 책을 통해 기독교의 이미지를 좋게 하는 데 이바지해야 한다.

책의 영향력은 세대를 뛰어넘는다

중동지역에서 전설적인 선교사역을 한 사무엘 즈웨머samuel zwemer는 문서의 중요성에 대해서 크게 강조하며 이런 말을 했다.

> "인쇄물은 결코 주춤거리지 않으며, 결코 비겁하지 않으며, 타협
> 의 유혹을 받지 아니하며, 지치거나 낙담하는 법이 없다. 그런가 하
> 면 우리가 잘 때도 일하고, 냉정을 잃어버릴 염려도 없고, 우리가 죽
> 은 후에도 오래도록 일한다."

아주 공감되는 말이다. 이 말은 그리스도인이 왜 책을 써야 하는지 그
당위성을 잘 보여준다. 책은 우리가 잘 때도 쉬지 않고 일하며, 우리가
죽은 후에도 오래도록 남아 하나님의 사역을 한다. 그래서 우리는 책을
써야 한다. 우리가 남긴 책이 일하게 해야 한다.

그리스도인이 책을 쓰는 것이 중요하다. 책을 쓰되, 세상 사람들도 읽
을 수 있는 책을 써야 한다. 영락교회 한경직 목사는 한국을 대표하는
목사였다. 그러나 그가 죽은 뒤 20년쯤 지나자 젊은 사람들은 물론, 젊
은 목회자들조차 그를 잘 모르게 되었다. 하지만 젊은이 중에 함석헌을
아는 사람은 많다. 그 이유는 《뜻으로 본 한국 역사》 등 함석헌이 남긴
책을 통해 그의 사상이 젊은 사람들에게 여전히 영향력을 미치기 때문
이다. 이것이 바로 책의 힘이다.

독서를 시작한 뒤 나는 이런 결심을 했다.

"책으로 세상과 소통하겠다."

"책으로 기독교를 세상에 알리겠다."

내가 가장 먼저 출간한 책이 세상과 소통하게 하는 '독서'에 관한 책과

'에세이집'이다. 적절한 출판사를 만나지 못해 큰 반응을 얻지 못했지만, 다시 도전하려고 준비하고 있다. 그래서 지금 열심히 칼을 갈고 있다.

책이 최적의 전도법이다

스페인 신부이자 작가인 발타사르 그라시안Baltasar Gracián이 이런 말을 했다.

"기록은 기억을 남긴다."

나는 이 말을 이렇게 바꿔보고 싶다.

"기록은 하나님을 알린다."

책으로 기록하면 하나님이 저절로 알려진다. 성경책으로 하나님이 저절로 알려졌다. 마찬가지로, 목회자와 그리스도인들이 쓰는 책이 하나님을 알리는데 귀하게 쓰임 받을 수 있다. 그러니 책이 최적의 전도법이라고 할 수 있다.

그리스도인은 전도하는 삶을 살아야 한다. 코로나19로 인한 온라인 시대, 유튜브 전성시대에 최적의 전도 방법이 책 쓰기다. 하나님께서 성경책을 통해 일하셨듯이, 그리스도인의 책을 통해서도 일하시기 때문이다. 성경의 작가들이 책을 통해 하나님을 알렸다면, 이젠 우리가 책을 써서 하나님을 알려야 한다.

'명품인생'이 있다면 '명품 그리스도인'도 있을 것이다. 어떤 사람이 명품 그리스도인가? 이 땅에 사는 동안 하나님을 알리고, 죽은 뒤에도 하나님을 알리는 사람이 명품 그리스도인이다. 그래서 책을 쓰는 사람이 명품 그리스도인이다. 죽은 뒤에도 그가 남긴 책을 통해 하나님을 알릴 수 있기 때문이다. 그러므로 명품 그리스도인으로 살려면 책을 써야 한다.

책이 복음을 전하는 최고의 방식임을 믿음의 작가들이 증명했다. 수많은 사람이 존 번연John Bunyan의《천로역정》, 표도르 도스토옙스키Fyodor Mikhailovich Dostoevskii의《죄와 벌》등의 고전을 읽으며 신앙에 눈을 떴다. 그리스도인들은 이처럼 사람들을 신앙의 세계로 입문하게 하는 역할을 하기 위해 책 쓰기에 동참해야 한다.

책은 사람들의 변화와 성장을 일으킨다

책은 사람들에게 유형, 무형으로 큰 영향을 준다. 그 영향은 성장과 변화로 이어진다. 책을 쓰면 그 책으로 말미암아 사람들의 변화가 일어난다. 이미 우리는 하나님의 책인 성경책으로 변화를 경험했다. 그 경험은 지금도 현재진행형이다. 책이 사람들에게 변화와 성장을 일으킨다면, 책 쓰기는 우리가 마땅히 할 일이다.

삶의 중심에는 책이 있다. 사람은 유치원 때부터 대학 때까지, 아니 죽을 때까지 책과 함께 살아간다. 그리고 책과 함께 성장한다. 이처럼 사람들의 마음 중심을 파고드는 책을 누군가는 쓴다. 그 책을 우리가 쓰면 좋겠다. 우리가 쓴 책으로 사람들 마음에 예수 그리스도가 파고들게 된다면 얼마나 좋은 일이겠는가?

2. 책 쓰기는 가장 가치 있는 도전이다

그리스도인이 책을 써야 하는 이유

  교회에서 그리스도인에게 바라는 것은 성경 많이 읽고, 기도하고, 직장생활 잘하는 것이다. 그리스도인은 위의 것들에 더하여 한 가지를 더 잘해야 한다. 바로 책을 쓰는 일이다. 성경의 저자들이 책을 써서 세상에 큰 영향을 주었듯이, 그리스도인도 책을 써서 세상에 하나님의 영향력을 확대하는 데 도움을 끼쳐야 한다.

  그리스도인이 책을 써야 하는 이유는 두 가지다.

첫째, 책을 쓰면 영향력이 생긴다.

  사람들을 만나보면, 내가 작가가 됨으로써 영향력이 생긴 것을 느끼게 된다. 이 영향력은 종교와는 상관이 없는 것 같다.

  한 번은 부동산 중개소에서 중개인과 대화하는 중에, 내가 작가인 것을 밝히게 되었다. 그러자 중개인이 '자신은 분야와 관계없이 작가를 존경한다'고 했다. 그리고는 '필요한 일이 있으면 성심껏 도와주겠다'는 말까지 했다.

어떤 모임에 참여하든지, 작가라는 것이 밝혀지면 말 한마디라도 할 수 있는 기회가 주어짐을 자주 경험한다. 이처럼 작가는 영향력이 생긴다.

둘째, 하나님을 드러낼 수 있다.

나의 책을 비그리스도인도 읽는 것을 가끔 보게 된다. 책 때문에 목사에 대한 인식이 바뀌는 것을 경험하기도 한다. 결국 책은 자기만의 유익이 아니라, 하나님의 영적 가치와 연결하는 수단이 된다. 책은 가치를 만들어내는 통로가 되어주는 힘이 있기 때문이다.

성경이 이를 증명한다. 많은 사람이 제자들이 쓴 성경을 통해 하나님을 찾는다. 성경을 통해 하나님을 믿는다. 이처럼 책은 하나님의 위대한 가치를 제대로 드러내 주고 있다. 하나님을 멋지게 드러낼 수 있다면 그리스도인은 책을 써야 한다.

책 쓰기는 하나님의 가치를 드러낸다

그리스도인은 하나님의 위대한 가치를 세상에 드러내는 사람이다. 하나님의 가치를 드러내는 첫 단계는 말씀을 읽는 것이다. 두 번째 단계는 하나님의 말씀을 필사할 때 스스로 맛보게 된다. 가장 큰 가치는 말씀을 내 것으로 만듦으로 체화되는 것이다.

말씀이 내 것으로 체화되면, 하나님과 내가 하나가 된다. 이처럼 하나님의 가치를 맛보는 것은 한 번의 점프로 되지 않는다. 단계를 밟아감으로써 도달하게 된다. 마찬가지로, 책을 통해서도 하나님의 가치를 경험할 수 있다. 그것은 세 단계를 거쳐 만들어진다. 첫째가 독서이고, 둘째가 글쓰기이며, 셋째가 책 쓰기이다.

이 세 가지의 중심은 글쓰기이다. 글쓰기가 중심에 있을 때 독서는 독서대로, 책 쓰기는 책 쓰기대로 하나님의 가치를 극대화하게 된다. 그리스도인이 책을 써야 하는 이유는, 책을 쓰는 순간 가치가 만들어지기 때문이다.

가장 가치 있는 책 쓰기에 시간을 투자하라

책을 쓰는 사람은 시간의 가치를 아는 사람이다. 하나님께서 주신 그 시간의 소중함을 아는 사람이다. 시간의 가치를 모르면 책을 쓸 수 없다. 책을 쓰려면 책 쓰기에 필요한 독서와 글쓰기에 시간을 투자해야 한다.

이는 성공한 사람들의 원리와 비슷하다. 성공한 사람들은 꼭 필요한 일에 시간을 사용한다. 하나님을 위해 일하고자 하는 그리스도인이라면, 꼭 필요한 일인 책 쓰기에 자신의 시간을 사용해야 한다.

미국의 언어학자 엘리휴 버리트는 하루에 한 시간만이라도 유익한 일에 투자하라고 말한다.

"내가 성공한 것은 재능이 있어서가 아니다. 나는 하루하루의 시간을 꼭 필요한 일에 투자했기 때문에 마침내 뜻한 바를 이룰 수 있었다."

시간 관리에 철저했던 그는 생계를 위해 대장간에 나가 일하면서도 틈틈이 생기는 시간을 헛되게 보내지 않았다. 그 결과 18개의 고대 언어와 22개국의 유럽 방언에 정통한 학자가 됐다.

옥스퍼드대학교 올 솔즈 칼리지의 해시계에 새겨진 격언이 있다.

"시간은 소멸하는 것이지만, 그것을 어떻게 쓸 것인가는 우리 자신에게 달려 있다."

시간은 하나님으로부터 주어졌다. 그 시간을 흘려보내는 것이 아니라 하나님의 뜻을 이루는 데 사용해야 한다. 그러려면 하루에 한 시간이라도 책을 써야 한다. 《하루 1시간, 책 쓰기의 힘》의 저자 이혁백은 책 쓰기를 결심한 후 하루 한 시간씩 책을 쓴다고 한다.

나도 책을 쓰기 시작한 후부터 매일 책을 쓰고 있다. 독서를 하는 목적도 책을 쓰기 위한 것으로 바뀌었다. 하루에 한 시간이 어렵다면, 단 10분이라도 써야 한다.

책 쓰기는 아름다운 도전이다

도전하는 삶이 아름답다!

그런데, 무엇에 도전할 것인가? 그리스도인은 책 쓰기에 도전해야 한다. 그러나 많은 사람이 책 쓰기에 도전하기를 주저한다.

도전하기를 주저하는 이유는 선입견 때문이다. 선입견은 다른 말로 고정관념이다. 어떤 고정관념인가? '책 쓰기는 어렵다'라는 고정관념이다.

그리고 '나는 그 일을 할 수 없다'라는 고정관념이다. 우리는 이런 고정
관념을 벗어버려야 한다.

우리는 종종 "내게 능력 주시는 자 안에서 내가 모든 것을 할 수 있느
니라"빌 4:13라고 고백한다. 그러나 책 쓰기는 힘들다는 고정관념 때문에
책 쓰기에 도전하지 않는다. 우리는 능치 못하심이 없는 전능하신 하나
님께서 도와주심을 믿고, 책 쓰기에 도전해야 한다.

세상살이는 쉽지 않다. 나의 경험으로 볼 때 세상에서 쉬운 것은 하나
도 없다. 심지어 잠을 자고, 밥을 먹는 일도 쉽지 않다. 그러나, 어려워도
누구나 밥을 먹고, 잠을 잔다. 마찬가지로, 책 쓰기가 힘들게 여겨져도
먼저 도전하고 보면 된다. 그럼 어느 순간 책이 써진다.

이왕 고생하는 인생, 책 쓰기에 도전하라

그리스도인은 그리스도의 십자가를 따라 사는 사람이다. 십자가를 따
라가는 길이 아주 힘들지만, 이 길을 거부하면 안 된다. 마찬가지로, 책
쓰기는 매우 힘든 일이지만, 힘들다고 해서 포기하면 안 된다. 아무리 힘
들어도 십자가를 따라가는 것만큼 힘들겠는가?

우리가 알듯이, 예수님은 우리보다 훨씬 더 불편하게 공생애를 사셨
다. 사도 바울도 온갖 고생을 무릅쓰고 전도자의 삶을 살았다. 하지만 오
늘날의 그리스도인은 어떻게 하면 편히 살 수 있을지를 고민한다. 할 수
만 있다면 가장 편하게 살려고 한다.

이런 말을 종종 듣는다.

"고생해보지 않은 사람에게서는 인생의 깊이를 발견하기 힘들다."

고생하면 인생의 깊이를 스스로 터득하게 된다. 나는 나이 50에 공부를 시작했기 때문에 생고생을 해야 했다. 고생을 통해 인생이 무엇인지를 알고, 인생의 깊이를 조금 발견하게 되었다. 고생은 인생의 지혜를 발견하는 과정이다.

고생해본 사람과 그렇지 않은 사람은 뚜렷한 차이를 보인다. 현대그룹 창업주인 정주영 회장은 구두나 옷을 20년 이상 사용했다고 한다. 그는 담배도 피우지 않았는데, 담배 피우는 것에 대해 이렇게 말했다고 한다. "그거, 배도 안 부른데 뭐 하려고 빡빡 피우냐?"

그러나 고생을 모르고 편하게 살아온 재벌 2세, 3세 중에는 부와 권력의 맛에 취한 나머지 사회에 물의를 일으키는 경우가 많다. 직원들에게 말도 되지 않는 갑질을 하고, 마약을 복용할 뿐만 아니라, 심지어는 마약을 밀반입하기까지 한다.

성경에는 감당하기 힘든 고생을 한 사람들이 많이 등장한다. 요셉은 어린 나이에 형들에 의해 노예로 팔려 갔을 뿐만 아니라, 억울한 누명을 쓰고 감옥살이까지 해야 했다. 다윗은 아무 죄도 없이 사울 왕의 칼을 피해 정신없이 쫓겨 다녀야 했다. 욥은 하루아침에 자녀와 재산과 건강을 잃고, 친구들로부터 조롱을 받아야 했다. 이들은 지독한 고생을 통해 터득한 삶의 지혜로 사람들에게 큰 감동을 준다.

우리가 예수님처럼 살지는 못할지라도, 불편한 삶을 선택해야 한다. 자발적으로 선택할 수 없다면 불편한 삶을 감수하기라도 해야 한다. 책 쓰기는 그리스도인이 세상을 불편하게 사는 방법의 하나다. 책 쓰기는 마치 산모가 아기를 낳는 것과 같이 감당하기 힘든 고통 속에서만 이루어지기 때문이다.

어떻게 살던 인생의 길은 고생길이다. 이왕 고생하는 인생, 불편한 삶을 살기로 감수하면 책 쓰기가 가능해진다. 성경 저자들은 불편을 감수하며 성경을 썼다. 그 성경으로 인해 우리가 구원을 받았다. 성경 저자들의 덕택으로 우리는 예수 그리스도를 믿는, 세상 최고의 행복한 삶을 살고 있다. 그렇다면 나를 생명의 길로 인도해주신 하나님께 보답하는 의미로라도 하나님을 위한 책 쓰기에 도전해야 하지 않을까?

3. 책을 쓰면 꿈이 이루어진다

책이 하나님의 꿈을 이룬다

하나님의 꿈이 있다.

하나님의 말씀, 곧 복음이 전파되는 것이다.

> 너는 말씀을 전파하라 때를 얻든지 못 얻든지 항상 힘쓰라 _딤후 4:2

전도는 복음을 전파하는 영원한 방법이다. 그런데, 말보다 글이 더 중요한 시대에는 글로 복음을 전파해야 한다. 그러기 위해 해야 할 것이 책 쓰기이다.

책이 일한다. 책이 하나님을 전하는 일을 한다. 세상 사람들에게 하나님이 어떤 분인지, 하나님께서 어떤 일을 하는지 자세하게 이야기한다. 그것이 그리스도인이 책을 써야 할 이유이다.

예전에는 말로 전도했지만, 이제는 삶으로 전도해야 한다. "나도 저런 사람과 같은 삶을 살고 싶다"라는 말을 듣도록, 본이 되는 삶을 살아야 한다. 삶으로 보여주는 방법의 하나가 책 쓰기이다.

우리는 알고 있다. 성경이 다른 책과 차별화되었기 때문에 기독교가 최고의 종교가 되었다. 그렇다면 이제 우리가 세상과 차별된 책을 써야 한다. 21세기에는 전도에 두 가지 방법을 사용해야 한다. 먼저, 삶으로 전도하는 방법이다. 다음으로, 브랜딩화로 전도하는 방법이다. 개인 브랜드 중에 효과가 탁월한 것이 책이다.

요즘에도 전도의 방법은 매우 원시적이다. 그저 차 한 잔과 물티슈 등을 주는 정도이다. 이것은 20세기의 전도 방식이다. 기획부동산에서나 사용하는 방법이다. 지금 20세기 방식으로 전도를 하면 사람들의 관심을 끌지 못한다. 글의 시대인 21세기에 맞게 책으로 전도해야 한다.

전에는 문맹의 기준이 '글을 읽을 수 있는가, 없는가?'였다. 그러나 지금은 '글을 쓸 줄 아는가, 모르는가?'로 바뀌었다. 지금은 세상 사람들이 웬만하면 책 한 권씩은 다 출간하는 시대이다. 이런 때에 그리스도인이 책을 쓰는 것은 당연한 일이다.

책 쓰기는 우리를 향하신 하나님의 꿈이다. 누군가는 반문할 것이다. "말씀 읽고, 기도하고, 직장생활 잘하는 것이 하나님의 꿈이 아닌가?"라고. 그런 것만 하나님의 꿈이 아니다. 하나님께서는 성경책을 통해 세상을 덮었듯이, 우리가 책을 통해 세상을 덮길 바라신다.

하나님의 꿈이 책인 이유는, 책이 사람의 관심과 호기심의 대상이라는 것을 아시기 때문이다. 사람은 누구나 양서를 읽고 싶어 한다. 우리가 그

양서를 쓰면 된다. 이것이 우리가 책을 통해 세상을 하나님의 나라로 뒤집어엎는 방법이다.

책이 그리스도인의 꿈도 이루어준다.

책 쓰기는 하나님의 꿈만이 아니라, 그리스도인 각자의 꿈을 이루어준다. 내가 책을 출간할 때마다 사람들이 부러워한다. 어떤 사람은 자신의 꿈이 책 쓰기라는 말을 서슴지 않고 하기도 한다. 만약 책 쓰기가 꿈이라면 과감하게 도전해야 한다.

대부분 책을 쓰는 사람들은 자신이 목표한 대로 책과 함께 성장하기를 꿈꾼다. 성장의 열망과 맞닿는 것이 책이기 때문이다. 성장을 향한 꿈은 때론 성공으로까지 이어진다.

한창 '버킷리스트'라는 말이 유행할 때, 나의 버킷리스트 중 하나가 책 쓰기였다. 그저 버킷리스트에 그쳤던 이유는, 책 출간이 에베레스트산 정복처럼 어렵게 느껴졌었기 때문이다. 하지만 막상 도전해 보니 불가능한 것이 아니었다.

책 쓰기는 에베레스트산 정복과 같이 소수의 사람만 할 수 있는 일이 아니다. 꿈을 꾼 사람에게는 현실이 되는 일이다. 그러므로 그 꿈을 이루기 위해 당장 책 쓰기를 시도하면 된다.

기독실업인회에서 강의를 할 때 보니, 기독 실업인들 버킷리스트의 하나가 책 쓰기였다. 〈아트설교연구원〉 회원 중에도 책 쓰기를 꿈꾸는 사람이 많다. 그 결과 많은 회원이 책을 출간했다. 그리고 은퇴를 앞둔 목회자들은 설교집이라도 출간하려 한다.

꿈은 이왕이면 크게 가져야 한다. 한 권의 책이 아니라, 많은 책을 쓰기를 꿈꿔야 한다. 할 수만 있다면 일 년에 한 권씩 책 쓰는 것을 버킷리스트로 삼기를 추천한다.

2019년 3월 6일에 발표된 대한출판문화협회의 출판통계에 따르면, 연간 출판 종수가 2016년 60,864종, 2017년 59,724종, 2018년 63,476종이다. 그중 기독교 서적은 2016년 3,158종, 2017년 3,374종, 2018년 3,110종이다. 2018년에 전체 출판에서 기독교 출판 종수의 점유율은 4.9%이다. 기독교 출판 종수가 그리 많지 않음을 알 수 있다. 기독교 인구를 전체의 15%만 잡더라도 책 종수가 턱없이 부족한 것이다.

종교 분야의 책이 한 달에 약 260여 권 정도 출간되는 것 같다. 모 출판사를 통해 들은 바에 의하면 이중 기독교 서적은 150여 권 정도라고 한다. 세상과 비교해도 턱없이 부족한 양이다. 책 쓰기에 도전하는 그리스도인이 많이 양산되어 더 많은 책이 나오기를 기대한다. 하나님의 꿈과 나의 꿈이 만나는 교차점이 책이기 때문이다.

책을 쓰면 가치 있는 사람이 된다

책 쓰기는 나의 가치와 하나님의 위대한 가치를 만들어낸다. 바울은 바울 서신을 통해 하나님의 위대한 가치와 자신의 가치를 만들어냈다. 바울이 그저 다메섹 도상에서 예수님을 만나기만 했다면 우리가 바울을 잘 모를 수도 있다. 하지만 그가 13권이나 되는 서신서를 썼기에 지금도 최고로 존경받는 사람 중 한 명이 되었다. 바울은 책을 써서 하나님의 위대한 가치를 드러냈다.

바울이 서신서를 통해 하나님의 위대한 가치를 드러냈다면, 이젠 우리가 나설 차례이다. 우리가 성경책을 쓸 수는 없지만, 책은 쓸 수 있다. 책을 써서 바울처럼 하나님의 위대한 가치를 드러내야 한다.

나는 10년간 독서하기로 하나님과 약속했다. 그 약속은 13년째인 지금까지도 이어지고 있다. 아마 평생 책을 읽을 것으로 예상한다. 나는 책을 쓰기 전까지 7년간 책을 읽었다. 7년간 책을 읽은 후 글을 쓰기 시작했다.

그전에는 날마다 꿈을 꾸고 살았지만, 미래는 늘 불안했다. 남긴 것이 없었기 때문이다. 불안을 깨뜨리기 위해 용기 있게 책 쓰기에 도전했다. 책 쓰기에 도전한 지 1년 만에 불안이 떠나갔다.

오병곤은《내 인생의 첫 책 쓰기》에서 이렇게 말한다.

"탈출구가 보이지 않았다. 도대체 이 일을 계속해야 하나? 왜 이렇게 무미건조하게 기계처럼 일하는 걸까? 과연 이 분야에서 꿈을 이룰 수 있을까? 나는 이 물음에 답을 찾아보고 싶은 오기가 생겼다. 그래서 내가 걸어온 새로운 시각으로 바라보면서 대안을 모색했다. 그 대안은 바로 책을 쓰는 것이었다."

그전에는 탈출구가 보이지 않던 삶이었는데, 책을 쓰면서 꿈을 꾸게 되었다고 말한다. 이 말이 맞는 말이다. 탈출구가 보이지 않는 삶을 탈출구가 있는 삶으로 바꾸려면 책을 써야 한다.

나에게 책 쓰기는 삶의 탈출구를 만드는 것으로 그치지 않았다. 친구들에게 인정받고, 존경받게 했다. 더 나아가, 전에는 아내에게 구박덩어리였는데, 이제는 덜 여문 복덩어리로 바뀌고 있다. 가장 중요한 것은, 자신감이 없었던 내가 자신감 넘치는 사람이 되었다는 것이다.

우리는 책을 써야 한다. 특히 불안감으로 세상을 살아가고 있다면 더욱 책을 써야 한다. 그러면 불안의 터널에서 빠져나오게 된다.

책은 날마다 꿈을 꾸게 해준다

책은 날마다 꿈을 꾸게 해준다.

'그 책이 어떤 독자의 손에 들려질 것인가?', '그 책은 얼마나 팔릴 것인가?', '그 책을 읽은 사람에게 어떤 변화가 일어날까?' 등등의 꿈이다. 그리고 '어떤 강의가 들어올 것인가?', '어디에서 강의를 요청할 것인가?'를 꿈꾸게 한다.

책을 쓰는 동안은 아주 힘들다. 피를 말리는 듯하다. 하지만 책이 출간되어 손에 쥐어질 때는, 온 세상이 내 것 같이 느껴질 정도로 행복하다. 소소한 것이지만, 책이 출간된 뒤 아침마다 판매량을 말해주는 세일즈 포인트sales point를 체크하는 것도 삶에 활력을 준다.

책이 꿈꾸게 해주는 때 중 하나는 누군가 페이스북에 서평을 올려줄 때이다. 그리고 이메일로 그 책을 통해 배운 것과 느낀 것을 이야기해줄 때이다. 그러나 진짜 꿈은 '그 책을 통해 독자가 어떤 변화가 일어났는가?'를 상상하는 것이다.

책은 누구나 쓸 수 있다. 그렇다면 나도 책 쓰기에 동참해야 한다. 그러면 꿈이 없던 사람도 꿈꾸는 자로 살아가게 된다.

꿈을 이루기 위해 책 쓰기를 배워라

나는 책 쓰기를 코칭하고 있다. 앞으로는 더 본격적으로 가르칠 계획이다. 그 이유는, 배우지 않고 쓰는 책과 배우고 나서 쓰는 책의 퀄리티 quality가 확연히 차이가 나는 것을 경험했기 때문이다. 세상에는 많은 책 쓰기 강의가 있다. 대부분 목차 잡는 것까지 가르쳐준다. 나는 책을 쓰는 법, 글을 쓰는 법까지 가르쳐준다. 다른 곳보다는 더 잘 가르친다고 자부한다.

누구나 글을 쓰듯이, 책도 누구나 쓸 수 있다. 문제는 잘 팔리는 책을 쓰는 것이 어렵다는 것이다. 그러므로 잘 팔리는 책을 쓰려면 책 쓰기를 배워야 한다. 사람은 죽을 때까지 배워야 한다. 그중 반드시 배워야 할 것이 책 쓰기이다.

이혁백은 《하루 1시간, 책 쓰기의 힘》에서, 작가가 되려면 '글쓰기'가 아닌 '책 쓰기'를 배우라고 말한다. 설교를 잘하기 위해서는 글쓰기를 배워야 한다. 책을 잘 쓰기 위해서는 책 쓰기를 배워야 한다.

나는 몇 년 전에 아들에게 책 쓰기를 배우라고 권했다. 비용까지 준비했지만, 아들이 배우려 하지 않아 매우 아쉬웠다. 글을 쓸 줄 안다고 책을 쓸 수 있는 것은 아니다. 책 쓰기를 배워야 효과적으로 책을 쓰게 된다. 그리스도인은 글쓰기를 해야 한다. 글쓰기를 하되, 그 목적이 책을 쓰기 위함이어야 한다.

책을 쓰는 기간은 얼마를 잡아야 할까? 책 쓰기를 가르치는 곳에서는 보통 4개월 정도를 이야기한다. 책은 3개월에서 4개월 안에 써야 한다. 처음 한 달은 주제를 잡는 기간이다. 또 한 달은 자료를 수집하고, 목차를 잡는 기간이다. 그리고 마지막 한두 달 안에 책을 써야 한다.

책 쓰기가 4개월을 넘어가니, 그다음에는 책 쓰기를 포기하는 것을 아주 많이 보았다. 그러다 몇 년이 그냥 흘러간다. 그렇게 되지 않으려면 책 쓰기를 배우면서 4개월 안에 써야 한다. 늦어도 6개월 안에는 써야 한다. 책은 시간을 질질 끈다고 써지지 않는다. 나의 경우는 책을 읽고, 자료를 수집하는 데 시간이 오래 걸린다. 자료수집이 끝나면 한두 달 이내에 책을 쓴다.

2019년에 책을 쓰기 위해 베트남으로 한 달간 여행을 다녀왔다. 2020년에는 '제주도 책 쓰기 여행'을 기획해서, 4명이 다녀왔다. 책을 쓸 시간이 없다면 책 쓰기 여행을 권장한다. 책 쓰기 여행을 하면 오로지 책 쓰기에 전념할 수 있다.

4. 관객이 아니라 선수로 뛰게 된다

책 쓰기는 나비효과를 불러일으킨다

책 쓰기는 '나비효과'를 불러일으킨다. 나비효과Butterfly effect란, 나비의 작은 날갯짓이 날씨 변화를 일으키듯, 미세한 변화나 작은 사건이 추후 예상하지 못한 엄청난 결과로 이어지는 것을 말한다.

김진섭은《책 쓰기의 나비효과》에서 책 쓰기의 나비효과 9가지를 이야기한다.

첫째, 자신의 재능이나 노하우를 체계화하고 고도화할 수 있다.

둘째, 무한한 꿈을 꿀 수 있기 때문에 삶의 열정이 생겨난다.

셋째, 자기도 모르는 사이에 자신의 잠재 능력이 개발된다.

넷째, 자신도 모르게 자기주도적 삶을 살게 된다.

다섯째, 나를 보는 타인의 시선이 달라지고, 어디 가서 말발이 선다.

여섯째, 책으로 출간되어 성공하면, 하루아침에 사회적 지위와 삶의 위상이 바뀐다.

일곱째, 경제적으로 인세와 강의료, 방송 출연료 등을 동시에 노릴 수 있다.

여덟째, 원 소스 멀티 유즈one source multi use*로 이어지면, 또 다른 파생 사업을 일으킬 수 있다.

아홉째, 암묵지暗默地**를 명시지明示地***로 바꾸는 덕을 행하는 것이다.

위의 9가지는 책을 쓴 뒤 따르는 결과들이다. 그러므로 책 쓰기에 도전할 가치가 차고도 넘친다.

나는 책을 씀으로써 하나님의 일꾼 자격을 조금이나마 갖추게 되었다는 마음이 든다. 비록 착하고 충성된 종이란 소리는 못 들을지 몰라도, 악하고 게으른 종이라는 책망을 받지는 않겠다는 생각이 든다.

그런 생각이 드는 이유는, 내가 쓴 책을 통해 전혀 모르는 사람과 연결이 되기 때문이다. 내가 '독서' 책을 쓴 뒤, 전혀 일면식도 없는 사람, 예수님을 믿지 않는 사람과 연결되는 일이 많아졌다.

책은 스스로 일하여 낯선 사람들을 불러 모은다. 나는 내성적이라 알지 못하는 사람에게 먼저 다가가지 못했다. 하지만 책을 통해 모르는 사람을 꽤 많이 만났고, 지금도 꾸준히 연결되고 있다. 전에는 만남이 국내

---

* 하나의 소재를 서로 다른 장르에 적용하여 파급효과를 노리는 마케팅 전략.

** 학습과 경험을 통하여 개인에게 체화되어 있지만, 겉으로 드러나지 않는 지식.

*** 문서나 설명서 따위와 같이 밖으로 분명하게 드러난 형태의 지식.

에 국한됐었는데, 이제는 해외로까지 확장되고 있다.

관객이 아니라 선수로 뛰게 된다

책을 쓰고 나서 깨달은 것이 있다. '사람이 아니라 책이 일한다'는 것이다. 책이 일한다. 그것도 매우 잘한다. 웬만한 사람보다 훨씬 낫다. 몇 사람 몫의 일을 해낸다.

나는 원래 효율적인 사람이 아니었는데, 책을 쓴 뒤 효율적인 사람으로 바뀌었다. 나는 원래 인간관계의 폭이 좁은 사람이었는데, 책을 쓴 후 사람을 만나는 영역이 넓어졌다. 더 나아가 책을 통해 많은 강의를 하면서 배움이 더 깊어졌다.

책을 쓰기 전에는 내가 일하는 줄 알았었다. 책을 쓰고 나서 내가 일하는 것이 아니라, 책이 일한다는 것을 깨달았다. 책은 나보다 많이 일하고, 더 효율적으로 일한다.

사람이 가만히 앉아서 책을 읽으면, 그저 가만히 있는 사람이 된다. 하지만 가만히 앉아서 책을 쓰면, 책이 책 쓴 사람을 가만히 있게 내버려두지 않는다. 책을 쓰면 독자가 강의를 부탁해온다. 그리고 〈아트설교연구원〉 수강생이 되는 방법도 묻는다. 그래서 책을 쓰면 '관객'이 아니라, 필드에서 '선수'로 뛰게 된다.

우리가 책을 써야 하는 이유는, 지금은 글 잘 쓰는 사람이 세상을 움직이는 시대이기 때문이다. 지금은 책 쓰는 사람이 리더인 시대이다. 전에는 학위의 유무가 중요했다. 그러나 지금은 학습력이 리더를 결정한다. 그리고, 학습력의 결정체는 책이다. 이제는 학위 있는 사람이 리더가 아니라, 책을 쓴 사람이 리더인 시대이다.

미국 화가이자 영화 제작자인 앤디 워홀Andy Warhol이 재미있는 말을 했다.

> "일단 유명해져라. 그러면 사람들은 당신이 똥을 싸도 박수를 보낼 것이다."

책 쓰기를 하면 많은 사람에게 주목을 받는다. 한 번은 어느 모임에 갔다가 사람들이 몰려드는 경험을 한 적이 있다. 그때, 유명해지면 똥을 싸도 박수를 보낸다는 말이 틀린 말이 아님을 실감했다.

책은 일꾼이다. 먼저는 하나님의 일꾼이다. 다음으로는 나의 일꾼이다. 마지막으로는 세상의 일꾼이다. 착하고 충성된 종이다. 착하고 충성된 종에게 더 많은 것이 맡겨진다.

> 그 주인이 이르되 잘하였도다 착하고 충성된 종아 네가 적은 일에 충성하였으매 내가 많은 것을 네게 맡기리니 네 주인의 즐거움에 참여할지어다 하고 _마 25:23

책 쓰기는 인생에 날개를 달아 준다

많은 사람이 인생의 여정에서 한 번은 하늘을 나는 '날개'를 달고자 한다. 인생에 날개를 달게 하는 것은 여러 가지가 있을 수 있다. 그중 하나가 책 쓰기이다.

김태광, 권동희는 《생산적 책 쓰기》에서, 책을 쓰면 인생이 눈부시게 달라진다고 말한다. 가장 많이 달라지는 것이 자존감이 높아지는 것이다. 책을 쓰면 절망적인 사람도 희망적인 사람이 된다. 김태광과 권동희는, 책을 쓰면 사람들로부터 전문가로 인정받는다고 말한다. 책만 쓰면 박사학위가 없고, 대학교 교수가 아닐지라도 전문가로 인정받는다.

박사학위 3개를 받은 사람을 만난 적이 있다. 하지만 그는 책을 한 권도 쓰지 않았다. 나는 박사학위가 하나도 없지만, 설교에 관련된 책만 5권을 썼다. 그랬더니 '탁월한 설교 연구가', '설교 전문가'라는 말을 듣는다. 박사학위가 없어도 '설교 글쓰기', '설교', '인문학'의 전문가가 되었다. 인생을 눈부시게 달라지게 하는 마법이 책에 있다는 증거이다.

책 쓰기는 인생 2막의 기회를 가져다준다

"은퇴 준비 다 끝났습니다!"

내가 다른 사람들에게 하는 말이다.

"은퇴 준비 다 하셨네요!"

다른 사람들이 내게 부러운 눈빛으로 하는 말이다.

독서를 시작하게 된 이유 중 하나는, 은퇴 후에 하는 일 없이 시간을 보내는 선배들을 보고 받은 자극 때문이었다. 은퇴한 선배들을 보니 여행, 손주 보기, 등산, 바둑 등으로 소일하고 있었다.

또 하나의 이유는, 목회자로서 은퇴 후에도 계속 일하기 위해서였다. 은퇴한 선배들이 어쩌다 푸념 조로 이런 말을 한다.

"자기 일을 갖고 싶다!"

지금은 100세 시대이므로, 은퇴 후에도 일해야 한다. 책을 쓰면 은퇴 후에도 일할 수 있다. 김형석 교수처럼 100세가 넘어서도 일하게 된다. 21세기에 연예인 다음으로 전망 좋은 직업 2위가 작가라는 기사도 있다. 작가는 은퇴 이후를 위한 최적의 준비이다.

작가가 된 뒤 나는 주위 사람들에게 종종 이런 말을 한다.

"죽을 때까지 할 일을 해놨습니다!"

나는 죽을 때까지 일하다가 하나님께로 갈 수 있는 여건을 만들어 놓았다. 그것은 책을 썼기 때문이다. 작가가 되면 은퇴 없이, 평생 현역으로 사는 길이 열린다.

5. 닫힌 인생이 열린 인생이 된다

책 쓰기는 운명을 바꾸는 전환점이다

책 쓰기가 과연 인생을 바꿔주는가?

나의 경험으로는 인생을 확 바꿔주었다. 별 볼 일 없던 인생이 별 볼 일 있는 인생으로 바뀌었다. 책 쓰기가 나를 불투명한 미래에서 가능성이 넘치는 미래로 인도했다. 서울이라는 한정적인 무대에서만 살아가던 나의 무대가 세계로 넓혀졌다.

책 쓰기는 인생을 바꾸어준다. '한스 컨설팅' 대표인 한근태는 《한근태의 독서일기》에서 이렇게 말한다.

"독서가 내 인생을 바꾸었고, 또 바꿀 것이다."

이 말은 책 쓰기에도 그대로 적용된다.

"책 쓰기가 내 인생을 바꾸었고, 더욱 바꿀 것이다."

독서가 인생을 바꾸어주었다면, 독서를 기반으로 하는 책 쓰기는 더

확실하게 인생을 바꾸어준다. 책 쓰기는 'before'와 'after'가 확 차이가 나도록 만들어준다. 절망이 가득한 인생을 희망에 찬 인생으로 바꾸어준다.

나는 나의 인생을 이렇게 고백할 수 있다.

"내 생에 가장 잘한 일은 책 쓰기이고, 가장 잘한 선택은 지천명에 독서를 시작한 일이다."

책 쓰기는 닫힌 인생을 열린 인생으로 바꾸어주었다. 불안한 인생을 만족스러운 인생으로 바꾸어주었다. 어둠 속을 걷던 인생에서 밝은 빛에 거하는 인생으로 바꾸어주었다. 책 읽기가 인생이 바뀌는 출발점이었다면, 책 쓰기는 바뀐 인생의 종착점이다.

인생은 나의 주권자이신 하나님에 의해서 바뀐다. 그리고 책 쓰기를 통해 바뀐다. 책 쓰기는 인생을 멋지게 변화하도록 만들어주는 최고의 일이라고 나는 고백할 수 있다.

'닫힌 인생'에서 '열린 인생'으로

카피라이터 정철은 그의 책 《사람 사전》에서 '교회'를 이렇게 말한다.

"너무 높다. 너무 많다."

교회가 너무 많다는 것을 '커피숍'을 예를 들어 이렇게 말한다.

"건물마다 하나씩, 교회가 이겼다."

'교회가 너무 높다'라는 말은 교회의 문턱이 너무 높아 언로가 닫혀 있다는 말이다. 이 말은 교회가 사람들의 눈에 열린 공간이 아니라 닫힌 공간이라는 말이다.

교회는 닫힌 공간이 아니라 열린 공간이어야 한다. 또한 높은 곳이 아니라 낮은 곳이어야 한다. 예수님처럼 낮고 낮은 곳에 관심을 두는 곳이어야 한다.

교회가 닫혀 있다는 것은 그리스도인의 마음이 닫혀 있다는 뜻이다. 닫혀 있는 사람을 열린 사람으로 바꿔야 한다. 그러려면 열린 세상을 이야기하는 독서를 해야 한다. 그리고 열린 세상을 담아내는 책 쓰기를 해야 한다.

책 쓰기는 닫힌 사고를 열린 사고로 바꾸어준다. 닫힌 인생을 열린 인생으로 바꾸어준다. 나도 책을 쓰기 전에는 닫혀 있는 사람이었다. 책을 쓴 뒤 사고력이 달라지면서 열린 사람이 되었다. 그리고 열린 인생이 되었다.

세상의 담벼락이 높은 것은 이해가 되지만, 교회의 담벼락이 높은 것은 이해할 수가 없다. 교회는 낮아져야 마땅하다. 책을 쓰면 자신이 낮은 존재라는 것을 알게 된다. 책 쓰는 것을 통해 자신이 그리 대단하지 않다는 것이 보이기 때문이다.

자신이 대단하지 않음은 물론, 자신이 닫혀 있다는 것도 깨닫게 된다. 더 나아가, 책을 쓰면 자신만 담은 갇힌 인생에서, 세상의 어떤 것도 담아낼 수 있는 열린 인생으로 바뀌게 된다.

책은 하나님과의 깊은 교제로 이끈다

고등학교 때 친구가 이런 질문을 했다.

"너는 나중에 커서 소위 잘나가는 사람이 되고 싶어? 아니면 잘나가지 못해도 만족하며 살고 싶어?"

나의 대답은 "잘나가는 사람이 되고 싶어!"였다.

그러나 얼마 전까지 나는 잘나가지 못하는 인생으로 살고 있었다. 목회자로 살았기에, 늘 잘나가지 못하는 것을 감사함으로 받아들였다. 십자가를 지고 사는 삶이 목회자의 삶이라 믿었기 때문이다.

나이가 들면서, 잘나가는 인생의 정의를 다시 내리게 되었다. 세상적으로 잘나가는 것이 아니라, '하나님과 좋은 관계를 맺고 살아가는 인생'이 진정 '잘나가는 인생'이라고….

누구나 잘나가는 삶을 꿈꾸지만, 실제로 잘나가는 사람은 많지 않다. 하지만 책을 쓰면 잘나가는 삶을 살게 된다. 그 이유는, 세상의 인정과 함께 하나님의 사랑을 깊이 느끼기 때문이다.

책을 쓰다가 생각하지 못한 명문장을 쓸 때, 출간된 책이 기대하지 못했던 좋은 반응을 얻을 때, 이 모든 출발을 하나님이 하셨음을 진심으로 고백하게 된다.

그리스도인은 책을 쓰는 과정에서, 그리고 책이 출간된 이후에 더욱 하나님과 깊은 교제를 하게 된다. 늘 하나님을 의지하고, 하나님께 기도하면서 책을 쓰고, 책이 출간된 후에는 더욱 하나님께 의존하기 때문이다.

인생을 변화시키는 루틴의 힘

이혁백은 《하루 1시간, 책 쓰기의 힘》에서 인생을 변화시키는 책 쓰기의 힘 세 가지를 이야기한다.

첫째, 평범한 나의 의식이 성공자의 의식으로 변화되기 시작한다.

둘째, 평생 돈을 벌 수 있는 시스템이 만들어진다.

셋째, 꾸준히 책을 쓰다 보면 나의 브랜드 가치 또한 올라간다.

이런 변화는 '꾸준히'라는 말에서 답을 찾을 수 있다. 책 쓰기는 매일의 반복된 루틴으로 이루어내야 하는 일련의 과정이다. 위대한 것은 루틴을 통해 이루어진다는 것이 나의 고백이다. 나의 책 쓰기 좌우명이 '지속'이다. 이는 루틴의 지속으로 책을 쓸 수 있기 때문이다.

많은 작가의 책 쓰기는 루틴의 삶을 근간으로 한다. 로버트 콜리어 Robert Collier는 《로버트 콜리어의 성공의 법칙》에서 이런 말을 했다.

"성공은 매일 반복되는 작은 노력들의 총합이다."

미국의 시나리오작가인 릴리언 헬만Lillian Hellman도 매일 꾸준히 글을 썼다. 루틴한 삶이 그녀를 미국의 유명한 극작가로 만들었다.

미래학자인 레너드 스윗Leonard Sweet의 책 《관계의 영성》은 화가의 반복 작업의 중요성에 대해 이렇게 말한다.

"화가를 만들어내는 것은 화랑에서의 첫선이 아니라그것이 경쟁력의 시초가 될지도 모르나 작업실에서의 반복 활동이다."

중국 고사성어 중 '마부작침磨斧作針'이란 말이 있다. 그 뜻은 '도끼를 갈

책 쓰기!
나도 할 수 있다

아서 바늘로 만든다'이다. 어려운 일도 꾸준히 노력하면 이룰 수 있다는 말이다.

이백이란 사람이 산에 들어가 공부를 하다 싫증이 나서 산에서 내려오는 길에, 한 노파가 냇가에서 바위에 도끼를 갈고 있는 모습을 보았다. 그 모습이 하도 괴이해 이백이 묻는다.

"할머니, 지금 무엇을 하고 계십니까?"

노인은 바늘을 만들고 있다고 답한다.

이백이 어이없어하자 노파는 말한다.

"비웃을 일이 아니네. 중도에 그만두지 않는다면 언젠가는 이 도끼로 바늘을 만들 수가 있지"라고 말한다. 노파의 말에 이백은 크게 깨닫고, 그 후로 한눈을 팔지 않고 공부에 열심히 매진했다고 한다.

무엇이든 꾸준히 하면 원하는 결과를 얻을 수 있다는 것이 보편적 진리이다. 책 쓰기도 마찬가지다. 도중에 하차만 하지 않으면 하나님으로부터 가치 있는 선물을 받는다. 가치 있는 선물을 받으려면 일상의 삶을 루틴하게 살아야 한다. 루틴으로 사는 삶이 책 쓰는 인생에 무기가 된다. 그러므로 책을 루틴하게 써야 한다. 루틴하게 쓰다 보면 어느새 마법과 같이 책이 되어 나온다.

6. 최상의 브랜딩을 갖추게 된다

ㄱ ㄴ ㄷ ㄹ ㅁ ㅂ ㅅ　　　ㅇ ㅈ ㅊ ㅋ ㅌ ㅍ ㅎ

물은 나올 때까지 판다

"공휴일궤功虧一簣"

흙을 한 삼태기만 더하면 우물물이 나오는데, 한 삼태기 앞에서 뒷심을 발휘하지 못해, 그동안의 고된 노력이 헛수고가 되고 마는 경우를 가리키는 말이다.

많은 사람이 한 삽을 더 파지 않아 우물물이 나오지 않는 삶을 살아간다. 2004년 아테네올림픽 은메달에 이어 2008년 베이징 올림픽에서 금메달을 딴 역도 선수 장미란도 이런 말을 했다.

"한 우물을 파되, 물이 나올 때까지 파라."

우물을 파기 시작했으면 물이 나올 때까지 파야 한다. 공부도 마찬가지다. 공부도 답이 나올 때까지 해야 한다. 책 쓰기도 책이 써질 때까지 써야 한다. 베스트셀러를 쓸 때까지 써야 한다. 나의 글쓰기의 좌우명인 '지속'은 장미란 선수의 말처럼 "한 우물을 파되, 물이 나올 때까지 파라"는 말의 또 다른 표현이다.

책은 최상의 브랜딩을 만들어준다

지금은 개인 브랜드 시대이다. 공병호 박사가 이런 말을 했다.

> "앞으로 개인 브랜드가 점점 중요해지게 되면, 자신의 이름으로 자신의 경험을 포장하여 책을 내는 것처럼 효과 있는 일도 드물 것이다."

그는 책을 통해 개인 브랜드를 만들 것을 권한다. 전문가 1.0 시대는 학위나 자격증에 의해 전문성을 인정받았다. 전문가 2.0 시대는 책 쓰기에 의해 전문성이 판가름 난다. 그러므로 책 쓰기를 통해 자신을 브랜드화해야 한다.

박사학위를 3개나 받은 사람을 만난 적이 있다. 내가 "대단한 브랜드를 갖췄다"라고 하니 손사래를 친다. 도리어 나에게 "당신이 작가이니, 진정한 브랜드를 가진 사람"이라고 하면서 엄지를 치켜세웠다.

그의 말이 틀리지 않았다. 나는 과거에 완전히 무명이었다. 내가 무명을 벗어나게 된 것은 순전히 책을 썼기 때문이다.

종종 받는 질문이 있다.

"책이 잘 팔리지 않는 시대에 왜 책을 쓰려고 하는가?"

책으로 돈을 벌려고 하는 것이 아니다. 첫 번째 이유는 자신의 성정의 디딤돌로 삼기 위함이다. 두 번째 이유는 강의를 할 수 있는 기회를 만들기 위해서다. 세 번째 이유는 개인 브랜드를 만드는 시대에 부응하기 위해서다.

누구나 언론이 될 수 있는 시대에, 둘 중 하나는 해야 한다. 하나는 유튜브다. 다른 하나는 책 쓰기다. 유튜브는 장비만 마련한다고 할 수 있는 것이 아니다. 남다른 콘텐츠로 무장해야 한다. 그러나 책 쓰기는 누구나 할 수 있다. 누구나 책을 쓰면 개인 브랜드가 만들어진다. 그러므로 책을 써서 개인 브랜드를 만들어야 한다.

확실한 개인 브랜드를 만들려면 자기가 쓴 책이 베스트셀러가 되어야 한다. 베스트셀러가 되기는 쉽지 않다. 그러나 세상에 되지 않는 것은 없다. 단, 되기 위해서는 남다른 노력이 있어야 한다.

나는 '절박함'만 갖추면 된다고 생각한다. 절박함을 갖추는 것이 말로는 쉽다. 하지만 행동으로 나타나기는 어렵다. 그럴지라도 절박함으로 책을 쓰면 남들에게 인정받는 개인 브랜드가 만들어진다.

《미움받을 용기》로 유명한 일본 작가 기시미 이치로는 《마흔》에서 자신이 책을 쓰게 된 동기를 이렇게 이야기한다.

병을 앓아 병원에 입원해 있을 때다. 병원에 입원해 있으니 인생의 출구가 보이지 않았다. 그가 병상에서 원고 교정을 할 수 있을 정도까지 회복되었을 때 주치의가 말했다.

"책을 쓰세요. 책은 남을 테니까."

이 말은 '당신은 곧 사라질 거야'라는 말로 들렸다. '책은 남는다'
라는 말은 내 병이 가볍지 않음을 암시했다. 주치의의 충고는 계속
이어졌다.

이는 책 쓰기가 어느 정도로 중요한지를 보여준다. 내가 곧 사라질 것
을 알면서도, 아니 그러므로 책을 써서 남겨야 한다는 말이다.

그는 어느 날 프로그램을 통해 싱어송라이터 미야자와 가즈후미의 콘
서트를 보았다. 가즈후미가 청중에게 질문했다.

"나에게는 노래가 있어, 너희들한테는 뭐가 있지?"

그는 엉겁결에 이렇게 대답했다.

"나에게는 글이 있지!"

그는 글을 쓸 수 있었기에, 20여 년간 아들러 심리학을 연구하여 《미
움받을 용기》를 썼다. 이 책은 2015년 우리나라 최고의 책으로 선정되
기까지 했다. 책이 그에게 개인 브랜드가 된 것이다. 이처럼 작가가 되면
개인 브랜드를 갖추게 된다. 그 개인 브랜드가 활동에 큰 도움을 준다.

책 쓰기가 최고의 마케팅이다

21세기에는 책 쓰기가 최고의 마케팅이다. 나도 그것을 경험하고 있
다. 책을 쓰기 전에는 〈아트설교연구원〉에서 하는 강의가 내 사역의 전
부였다. 일주일에 가장 많을 때 5회의 강의를 했다. 책을 출간한 뒤에는

외부 강의를 포함해 일주일에 10번 이상도 강의한다. 그리고 5주, 7주, 10주짜리 강의를 계속해서 하고 있다.

그뿐만 아니라 외부 강의도 자주 한다. 여러 매체에 글을 기고한다. 개인 브랜드가 있는 사람들을 만나는 것이 일상이 되었다. 책을 쓰기 전에는 그저 홀로 강의가 전부였다. 책을 쓴 뒤에는 다른 사람과 협력 강의도 한다. 책을 쓸 때마다 활동 폭이 조금씩 넓어지고 있다.

미국의 대통령은 퇴임 후 책을 쓴다. 우리나라의 국회의원이 총선에 출마하기 위해 책을 쓰는 것과는 차원이 다르다. 빌 클린턴Bill Clinton도 퇴임 후 책을 써서 유명 저자가 되었다. 그는 그 책으로 인한 강연으로 1천억 원이 넘는 수입을 올렸다.

우리나라 서점가에 돌풍을 몰고 왔던 《정의란 무엇인가》를 쓴 마이클 샌델Michael Sandel과 미래학자 엘빈 토플러Alvin Toffler의 한 번 강연료는 2억 ~5억 원이나 되었다고 한다.

이혁백은 책을 쓰면 세 가지 부를 창출한다고 말한다.

> 첫째, 책을 쓰면 우선 평범한 나의 의식이 성공자의 의식으로 변화하기 시작한다.
> 둘째, 책을 쓰면 평생 돈을 벌 수 있는 시스템이 만들어진다.
> 셋째, 책을 쓰면 똑똑한 부자가 된다.

책을 쓰면 정신적인 부는 물론, 물질적인 풍요함까지 누릴 기회를 얻게 된다. 《나는 한복 입고 홍대 간다》의 저자 황이슬 씨는 책을 출간한 뒤 한복집 매출이 500% 성장했다고 한다.

책을 쓰면 받게 되는 최고의 보상은 높은 자존감으로 살게 된다는 것이다. <윤홍균 정신건강의학과 의원> 원장인 윤홍균은《자존감 수업》에서 이렇게 말한다.

"자존감이 가장 강력한 스펙이다."

나도 책을 쓴 뒤 바닥에 머물던 자존감이 높이 솟았다. 책을 쓰면 자존감이 낮았던 사람도 높은 자존감으로 행복하게 살게 된다.

KBS 다큐스페셜 프로그램 <행복해지는 법>에서 직업별 행복 순위 1위는 사진작가, 2위는 작가였다. 그 이유는, 보통 사람들은 생업을 위해서 일을 하는데, 작가는 생업보다는 자신이 좋아서 일하기 때문이라고 한다. 나도 마찬가지로, 책 쓰기에서 행복감과 만족감을 느끼며 살아가고 있다.

마지막으로, 책을 쓰면 어떤 행태로든 사회에 공헌하게 된다.

이처럼, 책 쓰기는 최고의 마케팅이다. 자신을 알리는 최고의 마케팅이 책이라면, 그리스도인은 책 쓰기에 과감하게 도전장을 내밀어야 한다.

2장.
책 쓰기의 출발이자 완성인 독서

책 쓰기 나도 할 수 있다

독서가 힘이 된다

1. 독서하는 사람이 성공한다

2. 답이 없는 시대에 독서가 답이다

3. 마음으로 새겨 읽는 정독을 하라

4. 좋은 글을 쓰려면 다독하라

5. 독서요약으로 자료를 수집하라

책 쓰기!
나도 할 수 있다

1. 독서하는 사람이 성공한다

ㄱ ㄴ ㄷ ㄹ ㅁ ㅂ ㅅ ㅇ ㅈ ㅊ ㅋ ㅌ ㅍ ㅎ

읽기는 인생의 이정표다

책 읽기는 인생의 이정표를 제시한다. 그 이유는, 책 쓰기가 읽기로부터 시작되기 때문이다. 책 읽기는 읽기에 그치지 않고, 삶의 밝기로까지 나아간다.

책 읽기가 인생의 이정표가 된다면, 우리는 읽기를 즐겨야 한다. 어느 정도까지 읽기를 즐겨야 하는가? 적어도 집에 있는 책만큼은 읽기를 즐겨야 한다.

국립중앙도서관에는 1천만 권의 책이 있다고 한다. 그 책을 다 읽을 수는 없겠지만, 그 책을 한 번 읽어보겠다는 열망만이라도 품어야 하지 않겠는가?

데카르트René Descartes는 이런 말을 했다.

"나는 생각한다. 고로 나는 존재한다."

이를 읽기에 접목할 필요가 있다.

"나는 읽는다. 고로 존재한다."

여기서 한 걸음만 더 나가면 책 쓰는 사람이 된다.

"나는 쓴다. 고로 나는 존재한다."

읽기에서 쓰기로 나아가는 사람은, 읽기를 통해 인생의 이정표를 하나님 안에서 찾은 사람이다. 책에서 읽기의 이정표를 찾은 사람은 책을 많이 읽고 싶어 한다.

회원 한 분이 속독에 관심이 많다. 지금 일주일에 한 권씩 책을 읽고 있는데, '일주일에 여러 권을 읽었으면' 하는 바람이 있기 때문이다. 그는 읽기를 통해 인생의 이정표를 발견한 사람이다.

읽기를 이정표로 삼으면 더 많은 책을 읽을 수 있다. 인간의 눈은 이론적으로 매초 1,500단어, 매분 9만 단어를 읽을 능력이 있다고 한다. 그러나 현실은 인간의 평균 독서 속도가 매분 200단어에서 250단어 정도에 그친다고 한다. 이는 읽기를 이정표로 삼고 살지 않은 결과이다.

하나님은 우리가 하나님의 말씀을 영혼의 이정표로 삼아 살아가길 원하신다. 말씀을 읽지 않으면 영혼의 이정표를 잃어버리게 된다. 그러므로 우리는 말씀을 읽어야 한다. 그리고 또한 책을 읽어야 한다. 그래야 영혼의 이정표대로 살아가게 된다.

독서가 미래를 만들어 준다

어느 책에서 이런 글을 읽었다.

"사람을 바꾸는 방법은 세 가지뿐이다. 시간을 달리 쓰는 것, 사는 곳을 바꾸는 것, 사람을 사귀는 것이다."

사람을 바꾸는 것은 시간, 장소, 사람이라고 한다. 나는 여기에 한 가지가 더 있다고 생각한다. 바로 책이다. 책이 사람을 바꾼다. 책이 나를 바꾸어주었다. 책을 만나는 순간 인생다운 인생이 되었다.

13년간의 독서를 통해 세상에는 배신하지 않는 것이 두 가지 있다는 것을 배웠다. 하나는 신실하신 하나님이시다. 하나님은 변함이 없으시기에 배신이란 것이 없다. 또 다른 하나는 책이다. 책은 사람을 배신하지 않는다. 책은 가까이한 만큼 유익을 준다. 책은 읽은 만큼 나에게 행복을 가져다주었다. 최근에도 책을 읽는 데 그렇게 행복할 수가 없었다.

책이 행복만 가져다주지는 않는다. 책을 읽으면 내가 누구인지를 배우게 된다. 주위 사람이 어떤 사람인지를 배우고, 내가 어떻게 살아야 하는지를 배운다.

목사, 사상가, 시인인 랄프 왈도 애머슨Ralph Waldo Emerson은 이렇게 말했다.

"책을 읽는다는 것은 자신의 미래를 만든다는 것과 같은 뜻이다."

책이 미래를 만들어준다는 말은, 책이 비로소 인생다운 인생을 살도록 만들어준다는 말과 같다. 책은 배신하지 않을 뿐만 아니라, 기대되는 미래를 만들어내는 힘이 있다.

사람들은 '만남'이 중요하다고 이야기한다. 그리스도인은 최고의 만남인 하나님과의 만남을 경험했다. 그다음으로는 좋은 사람을 만나야 한다. 마지막으로 좋은 책을 만나야 한다.

독서가 성공의 80%를 차지한다

'탁월한 기쁨의 신학자'이자 미국 <처치 리포트>가 발표한 '미국에서 가장 영향력 있는 그리스도인' 가운데 한 사람인 존 파이퍼John Piper 목사는 《확신의 영웅들》에서 찰스 스펄전Charles Haddon Spurgeon 목사의 책 읽기에 대해 이렇게 이야기한다.

"매주 여섯 권의 책을 소화하는 독서 습관도 한 몫을 했을 것으로 생각한다."

스펄전이 설교의 황태자라고 불릴 수 있었던 것은 책을 가까이했기 때문이다. 그 결과 그는 성공적인 설교자의 삶을 살 수 있었다.

성공에는 여러 가지 조건이 있어야 한다. 하나님의 은혜, 사람과의 인맥, 행운, 유전자, 가문, 책 등이다. 그중에 큰 비중을 차지하는 것이 책이다.

박현주 미래에셋 회장이 이런 말을 했다.

"책이 성공의 80%를 차지한다."

책이 성공의 80%를 차지한다는 것은 인생의 성공에 책이 가장 절대적인 요소라는 뜻이다. 그렇다면, 책을 읽지 않는 사람은 성공을 꿈도 꾸어서는 안 되는 것이다.

언론인이자 작가인 리처드 스틸(Richard Steele은 "독서가 정신에 미치는 효과는 운동이 신체에 미치는 효과와 같다"라고 말한다. 운동이 신체에 미치는 효과는 전부라고 해도 지나치지 않다. 마찬가지로 독서가 정신에 미치는 영향은 절대적이다.

불만족했던 과거의 나를 만족스러운 지금의 나로 만들어준 것은 책이다. 박현주 회장의 말처럼, 책이 인생의 80% 이상을 차지한 덕분이다.

성공하는 사람들의 독서 습관

《습관의 힘》의 저자 찰스 두히그Charles Duhigg가 습관에 대해 이렇게 말했다.

"인간이 일상에서 취하는 행동의 40%가 습관에 의해 결정된다."

일상의 행동은 습관에 의해 좌우된다. 그러므로 좋은 습관을 지니고 살아야 한다.

인간 행동 연구 전문가이자 서던캘리포니아대학교 심리학과 교수인 웬디 우드Wendy Wood는 《해빗 HABIT》에서 습관 영역은 43%, 비습관 영역은 57%라고 말한다. 그녀는 우리 인생의 43%가 습관으로 이루어져 있으니 지금 당장 습관에 집중하라고 말한다.

인생에서 습관이 중요하다. 이 습관이 인생을 결정한다. 성공하는 사람과 실패하는 사람의 차이는 습관의 차이이다.

러시아의 대문호 표도르 도스토옙스키Fyodor Mikhailovich Dostoevskii는 습관의 힘을 이렇게 말한다.

"습관이란 사람으로 하여금 어떤 일이든지 하게 만든다."

습관이 어떤 일이든 하게 만든다면, 독서 습관을 들이기에 집중해야한다.

10년 차 독서교육 전문가인 최승필은 《공부머리 독서법》에서 이런 말을 한다.

"어려서부터 시작된 독서 습관이 성공한 사업가가 된 후에도 계속 이어집니다."

마이크로소프트Microsoft 창업자인 빌 게이츠Bill Gate도 이런 말을 했다.
"하버드대 졸업장보다 독서 습관이 더 중요하다."
조선 시대 최고의 왕인 세종대왕도 이런 말을 했다.
"무엇보다도 독서가 제일 유익하다."
주위에 보면 남다르게 살아가는 사람들의 공통분모가 있다.

첫째, 책과 함께 살아간다.
둘째, 자신의 인생과 미래를 긍정적으로 바라본다.
셋째, 의미 있는 것에 바쁘다.

남다르게 살아가는 사람, 성공적인 인생을 살아가는 사람은 책과 함께 살아간다. 어쨌든 성공하는 사람들은 독서 습관이 있다. 그렇다면 우리도 독서 습관을 갖고 살아가야 한다.

실패하는 사람은 핑계를 대는 습관이 있다

인생에서 누구나 성공하고 싶어 한다. 하지만 실패하는 사람이 더 많다. 실패하는 사람은 왜 실패하는가? 핑계를 대는 습관 때문이다.

동서양을 아우르는 잠재력 개발 분야의 대가이자 중국의 베스트셀러 작가인 가오위안高原은 《하버드 행동력 수업》에서 "핑계를 찾지 말라"고 말한다. 핑계를 찾다 보면 실패에 이르기 때문이다. 핑계를 찾으면 결코 행동으로 옮길 수 없다.

> "'미루기', '게으름 피우기', '핑계 찾기'와 같은 나쁜 습관은 마취제처럼 사고를 마비시키고 행동력을 떨어뜨린다. 이러한 나쁜 습관은 위기감을 느끼지 못하게 하고, 도전 의식도 약화시킨다. 미루는 습관은 일을 완성하지 못하게 방해하는 것은 물론이고, 엄청난 심리적 압박을 주기도 한다. 20대 때 영리하고 유능했던 사람들이 30대가 되어 열정과 끈기를 잃어버리는 이유도 바로 여기에 있다."

사람들은 핑계를 대는 것이 나쁜 습관이라는 것을 안다. 하지만 핑계가 줄지 않고 더 늘어난다. 핑계를 대는 것이 이미 습관이 되었기 때문이다.

하나님의 자녀인 우리가 핑계 대는 습관으로 살고 있지는 않은가? 예수님은 하나님의 말씀에 '아멘!'의 습관으로 살아가셨다. 그리스도인은 핑계 대기, 미루기, 실패의 습관이 아니라 '아멘!'의 습관으로 살아야 한다.

작가이자 독서경영 컨설턴트인 안계환은 책 제목을 《성공하는 사람들의 독서 습관》이라고 잡았다. 그 이유는 독서가 성공하는 사람으로 만들어주기 때문이다.

누군가 책을 읽자고 하면 책을 읽을 수 없는 핑계를 댈 것이 아니라, '아멘!' 하면서 같이 책을 읽는 습관을 들여야 한다.

'1%의 독서가'가 돼라

독서는 힘이 있다.

독서를 하면 할수록 그 힘을 느낀다.

독서를 방해하는 최고의 장애물은 스마트폰이다. 빌 게이츠Bill Gates는 자녀가 14세가 되기 전에는 스마트폰을 사주지 않는다는 철칙을 세웠다고 한다.

일본 MP인간과학연구소 대표인 에노모토 히로아키는 《고독이라는 무기》에서 "스마트폰의 영향으로 일본 사람들이 독서를 눈에 띄게 하지 않는다"라고 말한다. 이런 현상은 우리나라도 마찬가지다.

그래도 일본은 우리나라보다 훨씬 낫다. 우리나라는 지하철에서 책을 읽는 사람이 거의 없다. 그런데 일본의 수도 도쿄에 가면, 나이 드신 분과 젊은이들이 지하철과 카페에서 책을 읽는 것을 자주 목격할 수 있다. 우리나라에서는 전철 한 칸에서 한 사람도 책 읽는 사람을 찾아보기 어렵다. 죄다 스마트폰만 쳐다보고 있다.

이처럼 일본과 한국을 비교해 봤을 때, 일본의 독서열이 훨씬 높은 편이다. 그런데도 에노모토 히로아키는 일본 사람들이 책을 읽지 않고 스마트폰의 노예가 되었음을 한탄한다.

지하철 안에는 1%의 독서가와 99%의 스마트폰 보는 사람들이 있는 것 같다. 그리스도인은 1%의 독서가가 되었으면 하는 것이 나의 바람이다.

이런 말이 있다.

"1%도 안 되는 사람만이 1,000권의 책을 읽는다."

그 말은 책을 1,000권 읽은 사람이 1%에 불과하다는 것이다. 그러므로 세상이 스마트폰을 보고 있을 때, 그리스도인은 책을 읽어야 한다. 책을 읽어야 책을 쓸 수 있다.

나는 꿈을 꾼다. 그리스도인들이 책과 친구로 살아가는 꿈을, 그리고 1% 안에 드는 독서가가 많이 나오는 꿈을….

독서가 나를 지배하게 하라

사람은 무언가에 지배당하며 살아간다. '물질의 지배를 받느냐, 세상의 지배를 받느냐?', '책의 지배를 받느냐, 하나님의 지배를 받느냐?'에 따라 삶의 질이 달라진다.

많은 사람이 나쁜 것에는 쉽게 지배당한다. 쉽사리 스마트폰의 노예, 술의 노예, 도박의 노예가 된다. 아이들도 책 대신 스마트폰에 지배당하며 살아간다. 이를 뒤집어야 한다. 독서에 지배당하며 살아가야 한다. 하지만 독서가 나를 지배하게 하는 것은 말처럼 쉽지 않다.

치과의사이자 심리치료사인 이노우에 히로유키는 《생각만 하는 사람, 생각을 실현하는 사람》에서 "인간의 뇌는 익숙하고 편안한 상태에서 벗어나 원래의 쾌적 영역으로 돌아가려는 습성이 있다"라고 말한다. 인간이 좋은 습관을 들이려 하면 뇌가 끊임없이 쾌적 영역으로 돌아가려고 하기에, 습관이 작심삼일에 그치게 된다는 것이다. 인간이 쾌적 영역에서 벗어나게 하려면 무의식, 즉 '메타 의식'을 활용하라고 말한다.

독서가 나를 지배하게 하려면 환경과 의식을 절박하고, 절실한 상태가 되도록 만들어야 한다. 그럴 때 독서가 나를 지배하게 된다.

잠자기 전 30분 독서는 어떤가?

잠자기 30분 전에 무엇을 하는가가 중요하다. 많은 사람이 텔레비전을 시청하다가 잔다. 나는 책을 읽거나 글을 쓰다가, 기도를 한 뒤 잠자리에 든다. 잠자기 30분 전 독서 습관은 중요하다. 잠자기 30분 전의 독서 습관은 읽기의 삶을 밝기의 삶으로 바꾸는 최적의 방법이기 때문이다.

자녀경영연구소 소장인 최효찬은《잠자기 전 30분 독서》에서 잠자기 30분 전 독서의 중요성을 이야기한다. 학습 컨설턴트인 다카시마 데쓰지도《잠자기 전 30분의 기적》에서 "성공하는 사람은 잠자리 습관이 다르다"라고 말한다.

그는 이 책에서 잠자기 전 30분을 투자했을 뿐인데 합격의 신이 된 이야기를 한다. 그는 잠자기 전 30분 독서로 뇌에 정보를 보내면, 자는 동안 기억을 강화하고, 전체적인 생각을 떠올리게 하는 작업으로 이어질 수 있다고 강조한다.

홍콩 최대의 기업인 청쿵長江 그룹 CEO 리카싱李嘉誠은 자신이 잠자기 전 30분 독서로 홍콩 최고의 부자가 되었다고 말한다. 미국의 대통령이었던 도널드 트럼프Donald Trump도 잠자기 전 3시간 독서를 한다.

하루 시작과 하루 마침을 어떻게 사느냐가 인생을 결정한다. 아침 시작이 하루를 어떻게 살 것인가를 결정한다면, 하루의 마침은 하루를 어떻게 살았느냐는 물론, 다음 날을 어떻게 살 것인가에 결정으로 영향을 미치기 때문이다. 그러므로 잠자기 전 30분 독서는 권장하고 싶은 습관이다.

2. 답이 없는 시대에 독서가 답이다

메타버스* 시대에 독서가 답이다

세미나를 인도하면 이런 질문을 받는다.

"독서를 왜 하는가?"

"독서를 어떻게 하는가?"

그때마다 해주는 말이 있다.

"독서에 한 번 미쳐봐라."

이렇게 말하면 질문자들은 고개만 갸우뚱거린다.

이는 독서의 힘을 알지 못하기 때문이다. 독서의 힘을 믿으면, 불확실한 시대에 독서가 자신에게 답이 됨을 확신하게 된다.

한국진로진학정보원 이사인 진동섭은 《공부머리는 문해력이다》에서

---

* 가공, 추상을 의미하는 '메타meta'와 현실세계를 의미하는 '유니버스Universe'의 합성어로 3차원 가상세계를 의미한다.

독서를 해야 할 이유를 문해력문자를 자유자재로 활용할 수 있는 능력을 길러야 하기 때문이라고 말한다. 그는 이 책에서. 진짜 공부 잘하는 학생은 문해력을 키운다고 말한다.

독서는 현실과 가상이 공존하는 메타버스의 시대에 답을 준다. 이에 그치지 않고 하나님께서 원하시는 준비된 사람이 되게 한다. 하나님은 바알에게 무릎 꿇지 않은 7,000명을 남겨 두셨다. 마찬가지로, 독서는 콘텐츠 시대에 하나님께서 쓰시는 사람으로 준비되게 한다.

독서가 행복한 삶을 가져다준다

행복한 삶은 독서에 있다. 나는 책을 읽을 때마다 크게 행복함을 느낀다. 《휘게 라이프》의 저자이자 코펜하겐 행복연구소HAPPINESS RESEARCH INSTITUTE의 대표인 마이크 비킹Meik Wiking은 그녀의 책 《리케》에서 돈 들이지 않고 행복을 누릴 수 있는 세 가지 방법을 이야기한다.

첫째, 책 읽기다.
둘째, 상대방에 대한 칭찬을 적는 스마일 파일 만들기다.
셋째, 돈을 쓰지 않아도 재미있게 놀 수 있는 모임을 만드는 것이다.

돈을 들이지 않고 행복을 누릴 수 있는 첫 번째 방법이 독서다. 우리가 행복을 누리는 방법은 멀리 있지 않다. 아주 가까이에 있다. 책을 읽으면 된다.

나는 이 행복을 누리기 위해 코로나19 이전에 10년 이상 서점에서 시간을 보냈다. 서점이 문 여는 시간을 기다렸다가, 문을 열자마자 들어가서 책을 읽으면 최고로 행복했다.

'휘게 라이프'*로 유명한 덴마크는 세계에서 가장 행복한 나라 중 하나다. 그들은 돈 들이지 않고 행복을 누리기 위해 책을 읽는다. 핀란드도 마찬가지다. 핀란드는 2018년부터 4년 연속 행복 지수 1위를 차지했다. 그 이유는 독서 습관 때문이다.

최승필은《공부머리 독서법》에서 핀란드 학생에 대해 이렇게 이야기한다.

> "알파벳도 몰랐던 핀란드의 아이들은 3~4개 외국어를 유창하게 할 줄 알고, 전 과목에 걸쳐 세계 최상위의 학업성취도를 올리는 고등학생이 됩니다. 그것도 한국 학생들의 1/3에 불과한 공부 시간으로 말입니다. 학교를 졸업하고도 독서 습관은 계속 유지되어 세계 최고의 독해력을 가진 나라, 인구 500만의 작은 규모에도 세계 10위권의 국가경쟁력을 가진 나라의 국민이 됩니다."

책이 행복한 삶을 가져다준다면, 그리스도인도 책을 읽어야 한다. 책을 읽음으로 하나님께서 주시는 행복을 누려야 한다.

독서가 생각의 힘을 길러준다

내가 종종 하는 말이 있다.

---

* '안락함'을 뜻하는 덴마크어 hygge와 삶의 합성어. 휘게 라이프는 일상 속에서 느끼는 안락한 만족감을 느낄 수 있는 삶의 방식으로 정의된다.

"독서가 삶의 답이다."

독서가 삶의 답인 이유는, 독서가 생각의 힘을 길러주기 때문이다. 사람은 자기가 생각하는 것이 삶으로 표현되어 나오게 되어 있다. 우리는 세상에 도움이 되는 좋은 생각을 해야 한다. 세상에 도움이 되는 좋은 생각은 독서를 통해 나온다.

독서를 하면 좋은 생각은 물론, 남들이 하지 못하는 생각을 하게 된다. 그리고 남들이 보지 못하는 것을 보게 된다. 생각하며 살기에 인생의 방향을 제대로 잡고 살게 된다.

독서를 하면 저절로 생각하게 된다. 그 생각이 내 인생을 하나씩 만들어간다. 우리는 생각을 많이 해야 한다. 생각을 하게 되면 질문거리가 많아진다. 하지만 사람들은 질문을 하기보다는 답변만 잘하는 경향이 있다.

그 이유는 독서를 하지 않아 자기 힘으로 생각할 힘을 기르지 못했기 때문이다. 일본경영의 그루인 오마에 겐이치는 《난문쾌답》에서 "생각을 하되, 자기 힘으로 생각하라"라고 말한다. 자기 힘으로 생각하는 것이 답이 없는 시대를 이길 수 있는 유일한 길이기 때문이라는 것이다.

"답은 자신의 머리로 생각하는 것이다. 자기 힘으로 생각하는 것이 산 지식이며, 남의 자료를 보는 것은 죽은 지식이다. 스스로 문제를 설정하고 답 찾는 연습을 해야 한다. 사고를 멈추지 않는 것이 중요하다. 21세기는 급격한 외부적 변화가 일과 삶에 영향을 미치는 시대이다. 중심을 잡고 싶다면 통찰력을 무기로 스스로 생각하고 사유하라. 그것이 답이 없는 시대를 이길 유일한 길이다."

인생의 답은 자신의 머리로 생각할 때 찾을 수 있다. 우리는 코로나19를 2년째 지나며 답이 없는 시대가 어떤지를 보았다. 답이 없는 시대를 살려면 자기 힘으로 생각할 수 있어야 한다. 자기 힘으로 생각해야 답이 없는 시대에 자기만의 답으로 살 수 있다.

그리스도인은 책을 읽어야 한다. 독서의 힘으로, 자기 힘으로 생각할 수 있어야 한다. 자기 힘으로 생각해, 답이 없는 시대를 이길 수 있도록 준비되어야 한다.

하나님의 책인 성경을 묵상하라

하나님께서 우리에게 책을 선물로 주셨다. 하나님의 책인 성경을 주셨다. 이 하나님의 책을 묵상해야 한다.

지금은 불확실성이 만연하여 답을 찾기 어려운 시대이다. 이런 시대를 제대로 살아가려면 말씀 묵상을 통해 스스로 생각하는 것이 몸에 배게 만들어야 한다. 하나님의 책이 답이 없는 시대에 답이 되어주기 때문이다.

오마에 겐이치는 "답 없는 시대를 이길 유일한 길은 스스로 생각하는 것"이라고 말했다. 그렇다면 그리스도인은 그 답을 세상에서 찾지 말고 하나님의 책인 성경에서 찾아야 한다. 그러려면 말씀을 묵상하여 생각의 힘을 길러야 한다. 그런 후 삶의 답을 찾아야 한다.

사람의 책도 묵상하라

답이 없는 시대에 답이 되는 삶을 살려면, 하나님의 책인 성경을 묵상해야 한다. 또한 인간의 책을 읽어야 한다.

글을 읽다가 이런 주제를 발견했다.

"18년 전 한국인 명문대생이 지금은?"

2020년으로부터 18년 전인 2002년에 남다르게 공부하던 학생들의 18년 후를 추적한 글이다. 〈SBS 다큐 스페셜〉 '세계 명문 대학-죽도록 공부하기' 편에는 세계 명문 대학에서 치열하게 공부하는 학생들이 출연해 많은 관심을 모았었다. 하버드대학교, MIT, 도쿄대학교, 와세다대학교, 칭화대학교 등 세계 유명 대학에서 젊음을 바쳐 공부하는 학생들의 모습을 담은 다큐멘터리였다.

12시간 꼬박 공부한다는 하버드대 학생, 잠을 억지로라도 자게 하려고 관리자가 강제로 기숙사 불을 끄는데도, 공동 화장실 불빛 아래 책을 보는 칭화대 학생 등의 모습은 시청자들에게 놀라움을 안겨줬었다.

잡스엔 TV는 하버드대 학생 1,600명의 일주일 공부 시간이, 수업 시간을 제외하고 일주일 평균 31시간리차드 라이트 교수 하버드 교육학과 연구팀·2007이라는 사실을 밝히기도 했다. 이렇게 치열하게 공부하던 해외 명문 대학 학생들은 지금 인생의 고속도로를 달리고 있다.

8시간 동안 도서관의 앉은 자리에서 움직이지 않고 책만 읽던, MIT 기계공학과 2학년 지예영 학생은 "MIT에서 살아남으려면 어쩔 수 없다"라는 말을 남겨 시청자들에게 강한 인상을 남겼었다. 그녀는 2010년 제너럴 일렉트릭 본사의 마케팅 팀장으로 근무를 시작했고, 2019년에는 30대 후반의 나이로 GE 계열사인 세계 2위 유전 서비스 업체 베이커 휴즈Baker Hughes 이사직을 맡고 있다.

서울대학교 재료공학과 학사·석사를 졸업한 다음 MIT에서 기계공학 박사 과정을 밟던 강기석 학생은 졸업 후 카이스트 교수직을 거쳐, 지금은 서울대학교 재료공학부 교수로 재임하고 있다. 그가 몸담은 연구팀은 2016년 차세대 에너지 저장 장치 개발과 관련해 뛰어난 연구 성과를 보이기도 했다. 저명한 과학 학술지인 <네이처 에너지>Nature Energy는 2016년 5월 23일 온라인에 "강기석 교수의 연구팀은 나트륨 공기 전지 반응 메커니즘을 규명해 전지의 성능을 개선하는 데 있어 큰 방향을 제시했다"라고 소개했다. 2017년 6월에는 미래창조과학부가 주관하는 '이달의 과학인 상'을 수상하기도 했다.

남다르게 공부하고 독서하던 학생들은 18년이 지난 후, 답이 없는 시대에 답이 되는 삶을 살고 있다. 흔한 말인 "노력은 절대 배신하지 않는다"라는 말을 삶으로 보여주었다.

답이 없는 시대에 답이 되는 인생은 남다른 독서를 통해 그 해답을 찾을 수 있다. 심으면 거두는 하늘의 법칙이 적용되기 때문이다.

그리스도인은 남다르게 책을 많이 읽어야 한다. 책을 읽으며 묵상할 때, 답이 없는 시대에 답이 되는 삶을 사는 힘을 갖게 된다.

3. 마음으로 새겨 읽는 정독精讀을 하라

일슬지공—膝之工의 자세로 독서하라

조선 시대에 김간1646-1732이란 사람이 있었다. 그는 독서를 좋아했다. 그의 독서는 견줄만한 이가 없었다.

김간이 어느 정도 독서를 했는지가 18세기 신독복이 지은 한문 야담집인 《학산한언(鶴山閑言)》에 잘 나타나 있다.

하루는 한 제자가 물었다.

"선생님 독서에는 일슬지공—膝之工이 있을는지요?"

여기서 '일슬지공'이란 '두 무릎을 한결같이 바닥에 딱 붙이고 하는 공부'를 말한다. 제자의 질문에 대한 스승의 대답은 이랬다.

"내가 예전 절에서 책을 읽을 때였지. 3월부터 9월까지 일곱 달 동안 허리띠를 풀지 않고, 갓도 벗지 않았네. 두 주먹을 포개 이마를 그 위에 받쳤다네. 잠이 깊이 들려고 하면 이마가 기울어져 떨어지겠지. 그러면 잠을 깨어 일어나 다시 책을 읽었네. 날마다 늘 이렇게 했었지. 처음 산에 들어갈 때 막 파종하는 것을 보았네. 산에서 나올 때 보니 이미 추수가 끝났더군.”

김간이 어떤 자세로, 얼마만큼의 책을 읽었는지 알 수 있다. 파종할 때 시작해서, 추수가 끝날 때까지 독서만 한 것이다. 지금은 김간처럼 독서할 수 있는 사람은 없을 것이다. 그럴지라도 마음 자세만큼은 일슬지공으로 할 수 있다.

심도心到에 이르는 것을 목표로 삼아라

송나라 주희는 독서의 삼도三到를 이야기한다. 삼도의 자세로 독서를 한다면 높은 경지에 이르는 것이 어렵지 않다. 그는 《훈학재규》訓學齋規에서 이런 말을 한다.

“독서에는 삼도三到가 있다. 입으로 다른 말을 아니 하고 책을 읽는 **구도**口到, 눈으로 다른 것을 보지 않고 책만 잘 보는 **안도**眼到, 마음속에 깊이 새기는 **심도**心到를 이른다. 마음이 여기에 있지 않으면 눈은 자세히 보지 못한다. 마음과 눈이 한 곳에 집중되지 않으면 그저 되는 대로 외워 읽는 것이라 결단코 기억할 수가 없고, 기억한다 해도 오래가지 못한다.

삼도 중에서도 심도가 가장 급하다. 마음이 이미 이르렀다면 눈과

입이 어찌 이르지 않겠는가? 안도는 눈으로 읽는 목독이다. 구도는
소리를 내서 가락을 타며 읽는 성독이다. 심도는 마음으로 꼭꼭 새
겨서 읽는 정독을 말한다."

우리의 독서는 마음으로 꼭꼭 새겨서 읽는 심도에 이르는 것을 목표
로 삼아야 한다. 그러면 어둠 속에 있는 사람도 밝은 곳에 처하게 된다.
절망의 늪에 빠진 사람도 희망의 화살을 쏠 수 있다.

미국의 투자 대가인 존 템플턴John Templeton은 저택에 개인도서관을 두
고 있다. 그 개인도서관에 무려 14,000권의 책이 있다고 한다. 소설가
장석주도 집에 책이 2만 여권 있다고 한다.

주위에 1만 권의 책이 있다는 사람들의 이야기를 간혹 듣는다. 이들이
이렇게 많은 책을 소장하고, 많은 책을 읽는 이유는 심도에 이르고자 하
는 목표를 가지고 있기 때문이다.

독서는 정독으로 마침표를 찍으라

내게 사람들이 묻는다.

"다독하느냐, 정독하느냐?"

책을 다독하느냐, 정독하느냐가 쟁점이 될 때가 많다. 그때마다 내 대
답은 "난 독서를 하지!"였다. 정독이냐, 다독이냐보다는 독서를 하는 것
이 중요하다. 일단 독서를 하는 것이 중요하고, 어떤 방법으로 책을 읽을
것인지는 그다음의 문제이다.

다독으로 어느 정도 다양한 분야의 지식이 습득되면 정독을 해야 한

다. 주희는 삼독 중에서 마음속에 깊이 새기는 심도心到를 중요하게 여겼다. 이 심도는 다름 아닌 정독이다.

정독이 중요한 이유는, 정독은 글의 표면적인 의미뿐만 아니라 숨어 있는 의미도 이해하면서 꼼꼼히 읽는 것이기 때문이다. 꼼꼼하게 읽으니 앞뒤 맥락을 파악하고, 작가의 의도까지 파악할 수 있다. 특히, 아이들은 정독을 해야 한다. 정독하게 되면 창의력과 학습 능력이 좋아지기 때문이다.

책에 따라 정독으로 읽을 책이 있고, 다독으로 읽을 책이 있다. 다독을 하더라도, 중요한 메시지를 뽑아낼 수 있는 정독이 수반되는 독서를 해야 한다. 결국 독서는 정독으로 마침표를 찍어야 한다.

정독은 지성의 사람으로 만들어준다

미래학자 엘빈 토플러Alvin Toffler는 이런 말을 했다.

"내 통찰력의 근원은 끊임없는 독서와 사색이다."

미래를 통찰하려면 책과 하나가 되어야 한다. 그는 독서와 사색으로 미래학자가 되었다. 목회자는 다니엘서와 요한계시록을 연구함으로 미래를 예측한다. 그러므로 독서를 통해 지성의 사람이 되어야 한다.

독서의 방법에는 여러 가지가 있다. 그중 하나가 정독이다. 정독은 사색의 사람이 되는 데 길잡이가 되어준다. 심도, 곧 정독은 지성의 사람이 되는 데 필수적이다. 시라토리 하루히코Haruhiko Shiratori는 《지성만이 무기다》

에서 '정독精讀'을 아래와 같이 이야기한다.

"정독한다는 것은 한 글자 한 구절에 눈길을 주고, 거기에 쓰여 있는 모든 내용을 알고자 하는 읽기 방법이다. 지명이 나오면 지도를 펼치고, 인명이 나오면 인명사전을 펼치며, 모르는 도구나 식물이 나오면 도감이나 백과사전을 찾아 용어의 의미를 하나씩 확인한다. 그러면서 책의 여백에 기록하고, 표현의 의미를 조사하며, 종합적으로 문체, 즉 문장의 특징을 토대로 작성된 글의 사상적 핵심을 파악하고, 더 나아가 시대 배경까지 캐내는 것이다."

심도, 즉 정독을 통해 자신을 지성의 사람으로 만들어야 한다. 그러면 '읽기의 삶'이 '밝기의 삶'으로 바뀐다.

다독보다는 정독을 권하는 작가도 있다. 카피라이터 박웅현이다. 그는 글의 문장력이 탁월하다. 그가 탁월한 문장력을 지닐 수 있었던 것도 많은 책을 읽었기 때문이다. 그는 좋은 책은 여러 번 보고, 볼 때마다 새로운 것을 발견한다고 말한다. 그래서 책 읽기에 있어 '다독 콤플렉스'를 버리기를 요청한다. 다독 콤플렉스를 가지면 쉽게, 빨리 읽히는 얇은 책들만 읽게 되기 때문이라는 것이다. 일 년에 다섯 권을 읽어도, 거기 줄 친 부분이 몇 페이지냐가 중요하다고 말한다. 이처럼 정독은 다독이 주지 못하는 큰 유익을 가져다준다.

4. 좋은 글을 쓰려면 다독多讀하라

ㄱ ㄴ ㄷ ㄹ ㅁ ㅂ ㅅ   ㅇ ㅈ ㅊ ㅋ ㅌ ㅍ ㅎ

넓은 독서인 다독을 하라

최승필은 《공부머리 독서법》에서, 자녀를 책을 사랑하는 독서가로 키우는 데 해로운 독서 습관을 이야기한다.

"나쁜 독서 습관의 99%는 속독입니다."

그 이유는 책이 생각의 도구이기 때문이라고 한다.

나는 다독가이다. 나는 사람들에게 어릴 적부터 책을 많이 읽지 않았다면 다독부터 하라고 이야기한다. 그 이유는 다양한 분야를 먼저 알아야 책을 쓸 수 있기 때문이다.

삼성전자 권오현 회장은 《초격차》에서 '성공한 사람들'에 대해 이렇게 말한다.

"좋은 결정을 내리는 의사결정자는 대체로 다독가이다."

빌 게이츠Bill Gates는 전에 살았던 지역 도서관의 모든 책을 읽었다고 한다. 그는 지금도 1년에 책을 300권 정도 읽는 다독가이다.

다독에는 많은 장점이 있다. 다독은 '폭넓게 읽기'로, 얕지만 넓은 독서이다. 다독은 독서의 재미와 함께 자신감을 느끼게 해준다. 이 다독은 다양한 분야의 기초 지식을 쌓는 데 큰 도움이 된다. 또한 다독하면 머리 활동이 매번 활발해진 상태에 있게 된다. 다독은 독서의 재미와 함께 자신감을 갖게 해준다.

다독의 최고의 장점은 다양한 분야의 책을 쓸 수 있게 되고, 다작하는 작가가 될 수 있다는 것이다.

몇 권까지 다독해야 하나?

"몇 권까지 다독해야 합니까?"

이 질문에 나는 1,000권까지 다독하라고 말한다. 어릴 때부터 책을 읽지 않은 사람에게 해당하는 말이다. 나는 어린 시절에 책을 읽지 않았기에 1,000권까지는 다독을 중심으로 책을 읽었다.

만약, 어릴 적부터 책을 읽은 사람이라면 처음부터 정독을 권한다. 하지만 성년이 되어 읽기 시작했다면 1,000권까지는 다독을 권한다. 다독할 때 전제 조건이 있는데, 다양한 분야의 책, 특히 인문학 분야의 책을 많이 읽어야 한다.

다독가로 유명한 사람 중에 소설가 김진명이 있다. 그는 자신의 필력의 근원이 다독에 있다고 말한다.

"젊었을 때 기본적으로 인간이 쓴 책을 다 읽어보라고 해서, 모든 것을 팽개치고 책 속에 파묻혔다. 철학, 사회학, 물리학, 화학, 천문학, 수학 등 닥치는 대로 다 읽었다. 아마 이런 다독의 힘으로 일단 제가 글을 쓸 수 있게 되었습니다."

그의 책은 1,300만 부가 팔렸다. 그의 대표작인 《무궁화꽃이 피었습니다》는 무려 600만 부가 팔렸다.

움베르토 에코Umberto Eco도 다독가였다. 그는 다독을 통해 '마를 줄 모르는 백과사전적 지식의 창고'라는 평가를 받는다. 김대중 전 대통령, 레오나르도 다빈치Leonardo da Vinci, 안중근 의사 등도 모두 엄청난 다독가였다.

특히, 다산 정약용 선생은 큰아들 학연에게 다독의 중요성을 강조하면서 이런 말을 했다.

"폐족일수록 좋은 책을 많이 읽어야 한다. 옷소매가 길어야 춤을 잘 추고 돈이 많아야 장사를 잘하듯, 머릿속에 5,000권 이상의 책이 들어 있어야 세상을 제대로 뚫어보고, 지혜롭게 판단할 수 있다. 독서야말로 사람이 하는 일 가운데 가장 깨끗한 일이다."

우리나라에서 가장 많은 책을 저술한 혜강 최한기 선생은 자신의 집 대문과 마당과 서재에 선을 그어놓고, 책을 1,000권 읽은 사람과 5,000권 읽은 사람과 1만 권 읽은 사람이 각각 들어올 수 있는 경계를 정해놓았다는 이야기도 전해진다.

크리에이티브인 김병완의 필력의 비결도 다독에 있다. 그는 3년 동안 1만 권의 책을 읽고, 작가와 컨설턴트로 살아가고 있다.

많은 작가가 다독을 권장한다. 그 이유는 자신이 다독을 통해 큰 유익을 얻었기 때문이다. 나의 책《이기는 독서절판》에서도 1,000권까지는 다독을 권한다. 이는 1,000권을 읽을 때 다양한 정보와 지성이 쌓여서, 그다음 단계의 정독이나 책 쓰기를 할 수 있는 힘을 갖게 되기 때문이다.

다독이라고 우습게 보면 안 된다. 나는 〈아트설교연구원〉 회원들에게 3년 안에 1,000권을 읽으라고 강조한다. 하지만 회원 중에 이 목표를 달성한 사람은 아직 없다.

다독은 책 쓰기에서 강력한 힘이 드러난다.《인문학은 성경을 어떻게 만나는가》의 저자이자, 나와 함께 인문학의 길을 가고 있는 박양규 목사는 3년에 2,000권의 책을 읽었다. 그 결과 지금은 한국교회 교육의 한 축을 담당하고 있다. 아마 몇 년 뒤에는 한국교회 교육이 그를 중심으로 움직일 것이라고 감히 예상해본다.

다양한 문장표현은 다독으로부터 나온다

김진섭은《책 쓰기의 나비효과》에서 다독에 대해 이런 말을 한다.

"다독은 풍부한 표현력과 구성력과 통찰력을 만들어준다."

독서전략연구소 대표인 곽동우는《독서혁명》에서 다독의 유익을 이렇게 이야기한다.

첫째, 어휘력 향상.

둘째, 학습력 향상.

셋째, 창의력 향상.

넷째, 사고력 향상.

다섯째, 지식 향상이다.

다독은 많은 유익이 있다. 그중 하나가 다양한 문장을 표현할 수 있게 된다는 것이다. 강준민 목사는 《목회자의 글쓰기》에서 "많은 책을 읽어야 하는 이유는 다양한 표현을 배우기 위함이다"라고 말했다.

다독하면 다양한 표현을 할 수 있다. 그 이유는, 많은 책을 통해 다양한 표현을 많이 접하기 때문이다. 독서를 많이 할수록 풍부한 표현력과 구성력과 통찰력을 기를 기회가 주어진다. 많은 내용을 접할수록 표현을 잘하게 된다. 그러므로 다독을 통해 문장 표현력을 기르기를 추천한다.

책을 쓰려면 다독이 좋다

책을 쓸 계획이 있다면 다독하기를 권한다. 책을 쓰고자 하지만 책 쓰기에 어려움을 느끼는 이유 중 하나는 책을 많이 읽지 않았기 때문이다. 그리고 책을 쓰는 데 너무 많은 시간이 소요되는 것도 역시 책 쓰기를 어렵게 하는 요인이다.

어떤 작가가 책 한 권을 쓴 뒤, 그 책을 쓰기 위해 읽은 책들의 사진을 찍어 자신의 페이스북에 올렸다. 대략 50여 권은 되어 보였다. 책을 쓰려면 많은 책을 읽어야 한다. 나도 한 권의 책을 쓰기 위해 많은 책을 읽는다. 책을 많이 읽는 것이 책 쓰는 데 결정적인 힘을 발휘한다.

나는 지천명이 되어서 독서를 했기에 다독할 수밖에 없었다. 먼저 다양한 분야의 책을 통해 기초 지식을 쌓아야 했다. 이렇게 다독한 것이 지금 책을 쓰는 데 큰 도움을 주고 있다. 나는 2021년에 8권의 책을 출간하기로 계획을 세웠다. 한 해에 8권을 쓰는 것은, 그동안 다독을 했기에 가능한 일이다.

다독은 책을 쓰는 데 큰 도움이 된다. 〈아트설교연구원〉 회원들에게 책 쓰기를 권하면 대부분 주저한다. 이유는 다독하지 않았기 때문이다. 물은 100도가 되어야 끓는다. 댐에 가두어진 물은 차올라야 넘쳐흐른다. 책을 쓰려면 독서량이 차올라야 한다.

독서로 자신의 능력을 극대화하라

김병완은 《퀀텀 독서법》에서 '퀀텀 독서법'에 네 가지 의미가 있다고 말한다.

첫째, 자신의 능력을 뛰어넘어 독서한다는 의미가 있다.

둘째, 자신의 기존 독서 속도와 깊이를 뛰어넘어 자유자재로 한 차원 높은 독서를 하게 해준다는 뜻이다.

셋째, 의식과 이성을 뛰어넘어 무의식 독서를 한다는 뜻이다.

넷째, 평면적·직렬적·순차적 독서를 뛰어넘어 입체적·동시적·병렬적 독서를 한다는 뜻이다.

그는 퀀텀 독서법 중 첫 번째가 '자신의 능력을 뛰어넘어 독서한다는 의미'라고 말한다. 그의 퀀텀 독서법은 다독가였던 자신처럼 다독하기를 촉구한다. 이는 그가 경험한 대로, 다독이 자신의 능력을 뛰어넘게 해주었기 때문이다. 다독하면 사람이 책에 압도당한다. 책에 압도당한 뒤 책에 이끌린다. 결국에는 자신의 현재의 능력을 뛰어넘게 된다.

다독이 책 쓰기에 도움이 되는 중요한 점이 또 하나 있다. 다독은 책의 '콘셉트'를 잡는 데 큰 도움이 된다. 다독으로 책을 많이 접하면, 어떤 책을 손에 드는 순간 '콘셉트를 이렇게 잡으면 되는구나!'라는 인사이트를 받고, 가슴이 쿵쾅거리는 경험을 하게 된다. 책을 통해 발견한 탁월한 콘셉트로 인해 스스로 놀랄 만한 콘셉트를 잡게 되는 경우가 종종 있다.

5. 독서요약으로 자료를 수집하라

책은 자료로 쓴다

〈이상민책쓰기연구소〉에 책 쓰기 강의를 들으러 갔더니 이런 말을 한다.

"책은 자료로 쓴다."

책을 쓰려면 먼저 책을 쓸 자료가 있어야 한다. 자료가 없으면 250페이지의 책을 쓰는 것은 불가능에 가깝다. 다양하고 많은 자료를 읽기에는 정독보다 다독이 훨씬 유리한다. 다독하면 책을 쓰는 데 필요한 자료를 확보하기가 쉽다.

책을 쓰려면 책을 쓸 수 있는 자료가 뒷받침되어야 한다. 그 이유는 책은 논증 중심으로 써야 하기 때문이다. 작가가 책을 쓰기 위해 갖추어야 할 세 가지가 있다.

첫째는 독서다.

둘째는 글쓰기다.

셋째는 자료수집이다.

책을 쓰는 데 독서와 글쓰기도 중요하지만, 자료수집도 중요하다. 독서와 글쓰기는 책을 쓰기 위한 자료수집에 일정 부분 이바지한다. 하지만 이는 단편적인 도움이 될 뿐이다. 책 쓰기는 자료가 뒷받침되어야 쓸 수 있다. 그러므로 책을 쓰기 전에 자료수집을 철저히 해야 한다. 자료를 수집하려면 독서가 뒷받침되어야 한다.

나도 책을 쓸 때 먼저 하는 일이 자료수집이다. 그동안 모은 자료들, 직접 쓴 글들, 인터넷 등의 자료들을 수집하고 정리한다. 어떤 작가는 현장까지 조사·연구한 뒤에 책을 쓴다. 현장을 조사하려면 먼저 자료수집이 되어 있어야 한다.

내가 책을 쓸 때 제일 먼저 하는 것은, 10년 이상 노트에 써 놓은 글을 자료로 만들기 위해 타이핑하는 일이다. 그다음에, 쓰고자 하는 책과 관련된 책을 사서 읽으며 자료를 모은다. 마지막으로, 쓸 콘셉트에 맞도록 준비한 자료를 컴퓨터에서 분류한다. 그리고 책이 완성될 때까지, 책을 읽을 때마다 관련된 자료를 추가한다.

책은 자료로 쓰는 것이므로, 책을 쓸 때는 자료수집에 최선을 다해야 한다. 자료를 수집하되, 남과 차별화된 자료를 수집해야 한다. 소설가 조정래는 《정글만리》를 쓰기 위해 2년여에 걸쳐 중국 현지를 답사했다고 한다. 학교의 현실을 적나라하게 파헤친 《풀꽃도 꽃이다》를 쓰기 위해서는 3년간 자료를 수집했다고 한다. 각급 학교와 사교육 현장을 찾아가 관련 종사자들을 취재했다는 것이다. 조정래가 오랜 시간 자료수집을 하는 이유는, 남과 차별화된 자료로 책을 쓰고자 하기 때문이다.

독서 요약으로 독서에 날개를 달라

나는 읽은 책을 요약하거나, 느낌을 쓰는 등으로 자료를 정리한다. 이런 일을 13년째 해오고 있다. 〈아트설교연구원〉은 매주 독서 토론을 한다. 독서 토론하기 전에 요약과 느낌, 서평을 쓰게 한다. 분량은 10페이지 전후이다. 어떤 회원들은 20페이지 이상을 요약·정리하기도 하고, 어떤 회원은 전체를 요약하며 정리한다.

나는 이 글을 쓰는 와중에도 독서를 하며, 읽은 책을 요약하고 정리했다. 책을 읽을 때 요약하고 정리하는 것이 기본이 되어 있기에 가능하다. 정리하는 분량은 책마다 다르다.

독서전략연구소 대표인 곽동우는 《독서혁명》에서 독서 요약에 대해 이렇게 말한다.

"독서 요약을 통해 독서에 날개를 달라."

또한 그는 독서 요약을 할 때 어떤 것을 해야 하는지 말해준다.

"저자의 메시지를 '주장', '의도', '목적'으로 작성하고, 메시지로 설명하는 핵심 정보를 '주제', '요점', '중요 내용' 등으로 작성한다."

그가 말하는 것처럼 독서 요약을 하면 책 쓰기에 좋은 밑거름이 된다.

독서 요약은 어떻게 하는가?

 책을 쓰려고 생각한다면 독서 요약이 필수다. 독서 요약을 하면 그 유익이 기대 이상이다. 곽동우는 《독서혁명》에서 독서 요약을 통해 얻을 수 있는 유익을 네 가지로 이야기한다.

 첫째, 핵심 파악 능력.
 둘째, 정보 추출 능력.
 셋째, 정보 구성 능력.
 넷째, 창의력.

 책을 요약하면 책 쓰기의 자료를 확보할 뿐만 아니라 책의 핵심 파악 능력, 정보 추출 능력, 정보 구성 능력, 창의력도 쑥쑥 자라난다.
 그는 책 쓰기를 하려고 할 때 도움이 되는 독서 요약 작성 절차를 이렇게 이야기한다.

 첫째, 저자의 메시지를 작성한다(무엇을 전달하려는가?).
 둘째, 저자의 메시지가 직접적으로 설명하는 핵심 정보를 베껴 쓴다.
 셋째, 베껴 쓴 내용을 주제에 따라 분류하고 재구성한다.
 넷째, 저자의 메시지를 구체화하고, 주제와 요점을 작성한다.
 다섯째, 생각 나누기를 작성한다.

여섯째, 퇴고한다.

김병완은 조금 다르다. 그는 《초의식 독서법》에서 네 단계로 책을 요약하라고 한다. 1단계는 BOOK, 2단계는 THINK, 3단계는 MIND, 4단계는 SUMMARY이다.

첫째, One Book One Sentence. (한 문장으로 요약한다.)
둘째, What to do? (이 책을 통해 새로운 무엇을 할 것인가?)
셋째, How to do? (어떻게 할 것인가?)
넷째, 1+1 Book? (이 책을 통해 읽고 싶어진 또 다른 책이나 분야는 무엇인가?)

나의 경우는 특별한 공식이 없다. 내게 필요한 정보, 모르는 정보, 중요한 정보, 통찰력 있는 내용, 명문장, 나와 다른 생각 등을 중심으로 요약한다.

책은 요약을 통해 진가가 발휘된다. 특히, 유익한 자료를 요약하면 책을 쓰는 데 큰 도움이 된다.

독서하지 않는다면 책쓰기는 언감생심焉敢生心 생각도 마라

스릴러 소설의 거장 스티븐 킹Stephen King이 독서하지 않는 사람에 대해 이렇게 이야기한다.

책 쓰기!
나도 할 수 있다

"책을 별로 안 읽는 더러는 전혀 안 읽는 사람들이 글을 쓰겠다면서, 남들이 자기 글을 좋아하리라 생각하는 것은 정말로 터무니없는 일이다. 그러나 나는 그런 사람들을 많이 보았다. 어떤 사람이 나에게 작가가 되고는 싶지만 '독서할 시간이 없다'고 말할 때마다 꼬박꼬박 5센트씩 모았다면, 지금쯤 맛있는 스테이크를 즐길 수 있었을 것이다. 이 문제에 대하여 좀 더 솔직하게 말해도 될까?"

책은 자료가 만든다. 책을 쓰는 자료는 독서에서 나온다. 그러므로 독서하지 않는다면 책을 쓸 생각을 하지 말아야 한다.

3장.
책 쓰기의 중심은
글쓰기다

글쓰기로 다져지는 학습력

1. 글쓰기는 최고의 학습법이다

2. 3단계로 글을 써라

3. 글쓰기에도 공식이 있다

4. 글쓰기, 기필코 배워라

5. 책 쓸 시간을 확보하라

6. 매일 글쓰기에 도전하라

책 쓰기!
나도 할 수 있다

1. 글쓰기는 최고의 학습법이다

'탈학습' 시대 최적의 학습 방법

〈아트설교연구원〉은 '설교 글쓰기' 연구원이다. 우리나라에서 설교 글쓰기를 전문적으로 가르치는 곳이다. 설교 글쓰기를 가르치는 이유는, 설교는 결국 글쓰기이기 때문이다. 청중이 좋아하는 설교는 글이 좋은 설교이다. 청중의 반응이 시큰둥한 설교는 글이 좋지 않은 설교이다.

나의 경험으로는, 설교 글쓰기를 잘하는 설교자가 목회를 잘못하는 것을 본 적이 없다. 설교 글쓰기를 잘못하는 설교자가 목회를 잘하는 것도 본 적이 없다. 그래서 나는 '설교는 글쓰기'라고 이야기한다.

21세기를 글의 시대라고 한다. 세상이 발전할수록 더 중시되는 것이 글쓰기다. SNS가 활발해질수록 글은 더 중요해진다. 그러다 보니 세상은 글쓰기를 배우는 사람들로 넘쳐난다. 그러나 설교자들의 글쓰기는 이제 막 싹이 트는 정도라 매우 아쉽다.

글을 잘 쓰면 사람들이 좋아한다. 좋은 글은 사람을 기분 좋게 한다. 그리고 다른 사람들과 공감하게 한다.

글쓰기가 중요한 시대임을 보여주는 말이 '탈학습'이다. 과거에는 러닝Learning이 강조되었다. 지금은 러닝보다는 '언러닝'Unlearning, 즉 탈학습이 강조된다. 탈학습의 시대에는 배움보다는 배운 것을 풀어내는 글쓰기가 최적의 학습 방법이다. 글을 쓰면 습득에 그치지 않고, 체득으로 이어지기 때문이다.

유럽이나 미국 등 서구의 교육은 학습이 아니라, 창의성이 바탕이 되는 사고력을 키우고자 한다. 사고력 키우기의 중심에 있는 것이 글쓰기이다. 그래서 그들은 글쓰기를 통해 사고력을 내면화하려고 한다.

서구 대학교육은 글쓰기를 맨 위에 둔다

글쓰기를 말할 때마다 언급되는 대학교가 미국의 하버드대학교다. 하버드대학교는 글쓰기를 통해 세계적인 리더를 만들려 한다. 하버드대학에서 티칭 펠로우teaching fellowing로 1년간 학부 학생들을 가르치는 기회를 가졌던 이용규 목사가 학교로부터 들은 첫 마디는 이것이었다.

> "미국 대학의 목표는 설득력 있는 사람을 만드는 데 있으며, 이 과정에서 가장 중요한 과목은 글쓰기다."

하버드대학교만 그런 것이 아니다. 미국을 비롯한 서구 대학교육의 성패를 좌우하는 것은 글쓰기다. 대학생들이 얼마나 많이 배우고 공부했느냐가 아니라, 얼마나 창의적이면서 논리적으로 생각하고 표현하는 능력을 갖추었느냐를 중요시한다. 그래서 글쓰기나 토론 능력이 있는 학생이 높은 학점을 받게 된다. 결국 얼마나 글을 깊이 있게, 분석적으로 읽으면서 많이 읽느냐가 학부 교육의 성패를 좌우한다.

핀란드는 고등학교에서 보는 시험에 선택형 시험 문항이 거의 없다. 그 대신 서술형으로, 곧 글을 써서 시험을 치른다.

진동섭은 《공부머리는 문해력이다》에서 "바야흐로 말 잘하고, 글 잘 쓰는 외향적 인재의 전성시대가 왔다"라고 말한다.

미국 등 서구의 나라들이 글쓰기를 맨 위에 두는 것처럼, 우리나라도 이제 글쓰기를 중요하게 여기기 시작하고 있다. 이런 분위기에 아직 발맞추지 못하는 곳이 교회다. 교회는 여전히 순종하는 신앙만 강조하기 때문이다. 그리스도인은 글을 쓸 줄 알아야 한다. 아니 탁월하게 글을 쓸 줄 알아야 한다. 글을 쓸 줄 알아야 책 쓰기도 가능하다.

2. 3단계로 글을 써라

ㄱ ㄴ ㄷ ㄹ ㅁ ㅂ ㅅ   ㅇ ㅈ ㅊ ㅋ ㅌ ㅍ ㅎ

그러면 글을 어떻게 써야 하는가? 3단계에 따라 글을 써야 한다. 글쓰기 3단계는 이렇다.

1단계는, 자료를 모으는 단계이다.

2단계는, 글을 쓰는 단계이다.

3단계는, 독자가 읽고 싶은 글을 쓰는 단계이다.

글쓰기 1단계: 자료를 모은다

앞에서, 책을 쓸 때 먼저 자료를 모아야 한다고 했다. 마찬가지로, 글을 쓸 때도 가장 먼저 할 일이 자료를 모으는 것이다.

글쓰기는 읽기로부터 시작한다. 읽은 것이 있어야 쓸 수 있는 글감이 모인다. 글쓰기는 백지에다 글을 채우는 일련의 과정이다. 글을 채우려면 글의 자료가 있어야 한다.

그럼, 자료는 어떻게, 어떤 방법으로 모아야 하는가?

첫째, 독서를 통해 자료를 모은다.
둘째, 일상을 통해 자료를 모은다.
셋째, 신문, 인터넷, 페이스북 등을 통해 자료를 모은다.

모인 자료를 모두 사용하는 것은 아니다. 그럴지라도 자료가 모이면 글을 쓸 때 훨씬 수월해진다.

글쓰기 2단계: 글을 쓴다

자료가 모였으면 이젠 글을 써야 한다. 글을 쓰려면 글을 쓰는 방법을 알아야 한다. 글 쓰는 방법에는 여러 가지가 있다. 그중에 세 가지만 알아도 좋은 글을 쓸 수 있다.

첫째, 두괄식으로 쓴다.

성경 연구 방법 중에 귀납적 연구 방법이 있다. 하지만 글을 쓸 때는 연역적으로, 즉 두괄식으로 써야 한다. 더 나아가 첫 문장이 청중의 마음을 사로잡을 수 있도록 써야 좋다. 마음을 사로잡으려면 팩트가 아니라, 의미를 담아 임팩트 있게 써야 한다.

둘째, 단문으로 쓴다.

문장이 어떠냐가 중요하다. 책은 가독성이 관건이다. 가독성이 좋으려면 술술 읽히는 단문으로 써야 한다.

셋째, 하나의 이야기로 쓴다.

글을 하나의 주제로 써야 한다. 하나의 주제로 글을 쓰기는 쉽지 않다. 그럴지라도 하나의 주제로 일목요연하게 글을 써야 한다.

글을 쓸 때, 자료를 활용해서 글을 쓴다. 자료를 활용하는 방법에는 두 가지가 있다. 하나는, 자료를 묶는 형식으로 글을 쓰는 것이다. 또 다른 하나는, 자료를 자신이 쓰는 글에 맞게 활용하는 것이다.

글쓰기 3단계: 독자가 읽고 싶은 글을 쓴다

글은 내가 읽거나 간직하려고 쓰지 않는다. 독자에게 읽히기 위해서 쓴다. 그러므로 할 수만 있다면 독자가 읽고 싶은 글을 써야 한다.

설교할 때, 성경에서 하나님의 의도를 찾는다. 마찬가지로 글을 쓸 때는 작가의 의도에 따라 글을 쓴다. 그리고, 독자가 듣기 원하는 글을 쓴다. 작가가 원하는 글을 쓰는 것은 그리 어렵지 않다. 하지만 독자가 읽고 싶은 글을 쓰는 것은 조금 더 어렵다. 그럴지라도 독자가 원하는 글을 써야 한다.

작가 양은우도 《책 쓰기 실전 멘토》에서 '독자가 읽고 싶은 글을 쓰라'고 한다. 독자가 읽고 싶은 글을 쓰려면 다음의 7가지를 명심해야 한다.

1. 명료하게 써라.
2. 올바른 단어를 사용하라.

3. 그림을 그려라.

4. 감정을 자극하라.

5. 구체적인 상황을 만들어라.

6. 세부 사항을 파고들어라.

7. 은유를 끌어들여라.

독자가 원하는 글을 쓰기는 쉽지 않다. 그림을 그리는 글, 감정을 자극하는 글, 은유를 끌어들이는 것, 어느 것 하나 만만하지 않다. 그러나 독자의 까다로운 입맛에 맞추는 것이 작가이다. 작가는 독자의 입맛에 맞추기 위해 노력해야 한다.

3. 글쓰기에도 공식이 있다

글 쓰는 이의 고통이 읽는 이의 행복이 된다

이외수 문학관에 이런 글이 적혀 있다.

"쓰는 이의 고통이 읽는 이의 행복이 될 때까지"

글쓰기의 고통이 해산의 고통과 같다고 한다. 그런 고통의 과정을 거칠 때 좋은 글이 나온다. 그래서 저자가 고생하면 독자가 행복한 독서를 하게 된다.

극심한 고통의 과정을 거쳐 나온 책은 독자들을 행복하게 해준다. 이렇게 독자들을 행복하게 해주는 수많은 작가가 있다. 김훈, 조정래, 김진명, 정유정, 김영하, 유시민, 강원국, 정민, 한근태 등등이다. 나도 책을 쓰고 있기에, 좋은 책이 나오려면 얼마나 고통을 겪어야 하는지를 안다.

그래서 이런 저자들이 책을 출간하면 즉시 구매한다.

책 쓰기 위한 글을 쓸 때, 독자들이 환호성을 지르도록, 해산의 고통을 통과하는 글쓰기를 해야 한다.

글쓰기의 공식

글쓰기에도 공식이 있다. 학창 시절에 수학 문제 풀기가 참 힘들었다. 수학 문제를 풀려면 먼저 수학 공식을 알아야 하는데, 수학 공식을 몰랐기 때문이다. 글을 쓰려면 글쓰기의 공식을 알아야 한다.

로버타 진 브라이언트Roberta Jean Bryant는《누구나 글을 쓸 수 있다》에서 글쓰기의 법칙 7가지를 이야기한다.

> 제1 법칙, 글쓰기는 행동이다. 생각하는 것이 글쓰기가 아니다.
> 제2 법칙, 열정적으로 쓰라.
> 제3 법칙, 정직하게 쓰라. 알몸을 드러내라.
> 제4 법칙, 재미로 쓰라. 자기를 위해
> 제5 법칙, 무조건 쓰라.
> 제6 법칙, 다작하라. 모든 것을 이용하여.
> 제7 법칙, 몰입하라.

책을 쓰려면 글쓰기 법칙, 혹은 공식에 따라 써야 한다. 로버타 진 브라이언트가 한 말 중, '열정적으로 쓰라'와 '정직하게 쓰라'가 좋은 법칙이라고 생각한다.

글쓰기의 기본 공식은, 누구나 다 아는 것처럼 서론, 본론, 결론의 형식으로 쓰는 것이다. 그 형식에 네 가지 공식을 대입하면 된다.

첫째, 핵심을 주장한다.
둘째, 주장의 이유와 근거를 제시한다.
셋째, 근거를 증명한다.
넷째, 핵심을 거듭 주장한다.

글쓰기 공식에 따라 글을 쓰면, 그 글이 독자들의 손에서 그에 합당한 값어치를 하게 된다.

책 쓰기의 원칙 네 가지

글을 쓸 때 공식에 따라 쓰듯이, 책을 쓸 때도 원칙에 따라 써야 한다. 그 원칙은 네 가지다.

첫째, 논리적으로 써야 한다.

책 제목에 따라 책의 논리가 탄탄해야 한다. 그리고 책 목차와 소주제가 논리적으로 밀접한 연관성이 있어야 한다. 그럴 때 독자가 저자가 무엇을 말하는지 따라 읽을 수 있다.

둘째, 구성력이 있어야 한다.

저자는 자료, 자신의 경험, 그리고 자신이 말하고 싶은 바를 조합할 수 있는 구성력을 갖춰야 한다. 구성력을 갖추지 못하면 독자로부터 외면 당할 수 있다.

특히, 지루한 구성은 독이 되니 지루하지 않은 구성력을 갖춰야 한다. 만약 구성력이 밋밋하면 다양한 독자의 욕구를 채우는 데 한계가 드러난다.

셋째, 한 꼭지마다 쓰고자 하는 의도가 명확해야 한다.

중주제나 소주제를 쓸 때, 쓰고자 하는 의도에 따라 내용이 명확해야 한다. 내용이 명확하지 않으면 독자가 책에 대한 흥미를 잃기 쉽다.

넷째, 역동적이어야 한다.

반전에 반전이 있을 때 독자가 책에 몰입한다. 그러므로 책을 쓸 때 반전이 있을 수 있도록 신경을 써야 한다.

논증 중심으로 책을 써라

글은 논증 중심으로 써야 한다. 이는 책도 마찬가지다. 논증 중심으로 책을 써야 독자가 쉽게 접근할 수 있고, 술술 읽히게 된다.

철학자 탁석산은 "논증을 하되, '좋은 논증'을 하라"고 말한다. 그가 제시하는 '좋은 논증'의 조건은 네 가지다.

첫째, 전제와 결론이 관련 있어야 한다관련성.
둘째, 전제는 참이어야 한다.

셋째, 전제는 결론을 뒷받침하기에 충분해야 한다. 결정적인 근거를
제시하라.
넷째, 반론을 염두에 두어야 한다.

좋은 논증이 되려면 전제와 결론이 관련 있어야 한다. 전제는 참이어
야 하며, 전제는 결론을 뒷받침하기에 충분해야 한다.

글을 쓸 때는 공식에 따라 써야 한다. 공식에 대입된 글이 좋은 글이
된다. 그러므로 공식, 원칙, 논증 중심으로 쓰는 것을 숙지하고 글을 써
야 한다.

4. 글쓰기, 기필코 배워라

ㄱ ㄴ ㄷ ㄹ ㅁ ㅂ ㅅ ㅇ ㅈ ㅊ ㅋ ㅌ ㅍ ㅎ

기필코 배워야 할 글쓰기

세계적인 경영학자 피터 드러커Peter Ferdinand Drucker가 이런 말을 남겼다.

"아무도 배우려 하지 않지만, 입사하여 꼭 배워야 하는 것이 있다. 그것은 아주 기초적인 기술로서 생각을 정리하여 말이나 글로써 표현하는 것이다."

변화경영 전문가인 구본형도 이런 말을 했다.

"알기 때문에 쓰는 것이 아니라, 쓰기 때문에 참으로 알게 된다. 책을 쓴다는 것은 가장 잘 배우는 과정 중 하나다."

쓰면 모르는 것을 알게 된다. 책 쓰기는 자기 생각을 글로 표현하는 최적의 방법이기 때문이다. 구본형의 말처럼 책을 쓰는 것이 가장 잘 배우는 과정 중 하나라고 한다면, 책을 쓰기 위해 기필코 글쓰기를 배워야 한다.

배운 사람과 배우지 않은 사람은 큰 차이가 난다. 나는 바둑을 조금 둘 줄 안다. 하지만 한 번도 바둑을 제대로 배운 적이 없다. 배운 적이 없으니 실력이 자라지 않는다. 어릴 적에 나보다 훨씬 바둑을 못 두던 친구가 있었는데, 그 친구가 바둑 학원에서 바둑을 배운 뒤 내가 도저히 이길 수 없게 되었다.

글쓰기도 마찬가지다. 배우지 않고 글을 쓰면 실력이 정체되어 몇 년을 써도 별로 달라지지 않는다. 하지만, 글쓰기를 배우면 6개월만 지나도 실력이 급성장한다. 그러므로 글쓰기를 배워야 한다.

책 쓰기를 가르치는 사람들은 글쓰기에 대해 그다지 중요하게 여기지 않는 경향이 있는 것 같다. 글은 내용이 중요하고, 좋은 자료를 활용하면 된다고 생각하기 때문이다. 나는 그렇게 생각하지 않는다. 결국 내용을 채우는 것은 글이므로, 글을 쓰는 법을 배우면 훨씬 독자들과 소통이 잘 된다.

강연 프로그램을 코칭하는 성훈은《이미 당신은 작가다》에서 이런 이야기를 한다.

"17년 경력을 지닌 총판 실무 담당자가 말하기를 "일반적으로 시중의 책 90% 이상이 300부, 아니 100부도 안 팔린다"라고 말한다."

책이 안 팔리는 이유는 여러 가지가 있겠지만, 글이 좋지 않은 것도 한 몫한다고 생각한다. 그렇다면 책을 쓸 계획이 있거나 작가로 활동하고 자 한다면 기필코 글쓰기를 배워야 한다. 글쓰기를 배우면, 글쓰기가 나를 만드는 최고의 배움이 된다. 그 배움을 통해 나를 발전시키고, 다른 사람에게 선한 영향력을 끼친다.

나는 책을 쓸 계획이 있는 사람에게 먼저 글쓰기부터 배우라고 권한 다. 글쓰기를 배우지 않으면 책 쓰기가 즐거운 '축제'가 아니라, 힘겨운 '숙제'가 되는 것을 자주 보았기 때문이다.

후대에 남겨질 책을 쓰려면 글쓰기를 배워라

1만 시간의 법칙을 창시한 대니얼 J. 레비틴Daniel J. Levitin은 《정리하는 뇌》에서 아래와 같이 이야기한다.

"5,000년 전 글쓰기가 처음 등장했다. 글쓰기가 처음 등장했을 때 사람들이 열렬하게 반기지 않았다. 사람들은 글쓰기가 앞서나간 기 술이고, 정신을 타락시킬 악마의 발명품이라 보았기 때문이다. 그래 서 당시 사람들은 글쓰기를 없애야 한다고 생각했다. 지금과 마찬가 지로 당시에도 활자화된 언어는 성적으로 문란한 내용을 담기 일쑤 였다."

이집트 왕 타무스Thamus도 "문자에 의존하면 인간의 도덕적 품성이 약 해지고 잘 잊어버리게 될 것"이라며 글을 매도했다. 타무스는 "문자가

이집트인들을 거짓 지식으로 물들일 것"이라고 주장했다. 고대 그리스 학자이자 시인인 칼리마코스Kallimachos는 책을 '위대한 악마'라고 했다. 스토아학파의 철학자인 세네카Seneca는 "많은 책은 정신을 산만하게 만든다"라고 하며, "동료들이 너무 많은 책을 모으느라 돈과 시간을 낭비한다"라고 질책했다. 세네카는 그 대신 "좋은 책 몇 권에 집중해서 여러 번 읽을 것"을 권했다.

1525년 에라스무스Erasmus는 벌떼처럼 쏟아지는 새 책들에 대해 장황한 비난을 늘어놓았다. 책이 급격히 확산하는 것에 대한 불평은 1600년 대 말까지 계속 이어졌다. 지식인들은 사람들이 책 때문에 서로 대화하지 않게 될 것이고, 쓸모없는 어리석은 생각들로 마음을 오염시키며, 책에 파묻혀 살게 될 것이라고 경고했다.

오래전에는 책을 악마의 발명품으로 보았다. 지금은 전혀 그렇지 않다. 가장 선한 작품으로 평가한다. 선한 영향력을 끼치는 책을 쓰되, 이왕이면, 고전과 같이 후세에 전해지는 책을 써야 한다. 글쓰기 능력이 부족하면 후대에 남겨질 만한 책을 쓸 수 없다. 하지만 글쓰기 능력이 있으면 후손에 남겨질 만한 책을 쓸 수 있다.

나의 《설교는 글쓰기다》는 오랫동안 설교 글쓰기 책의 교과서로 자리 잡는 책이 되었다. 이는 글쓰기를 연마한 덕분이다. 마찬가지로 후세에 남겨질 만한 책을 쓰고자 한다면 글쓰기를 배워야 한다.

일기를 쓰라

글쓰기를 배우는 가장 쉬운 것은 일기 쓰기다. 글을 조금 써 봤다면 칼럼 쓰기로 글쓰기를 배울 수 있다. 혹시 나이가 어리다면 일기 쓰기를 권장하고, 성인이라면 칼럼 쓰기를 권장한다.

먼저, 일기 쓰기로 글쓰기를 배워야 한다. 어떤 분이 눈에 뜨게 글이 좋아졌다. 그 이유를 살펴보니 일기 쓰기였다. 일기를 쓰려면 끙끙대는 시간이 필수적이다. 일기 쓰기는 별것 아니라고 치부하면 안 된다. 일기 쓰기는 위대한 글쓰기다.

버락 오바마Barack Hussein Obama, 알버트 아인슈타인Albert Einstein, 유기성 목사, 가수 아이유 등의 공통점이 있다. 매일 일기를 쓴다는 점이다.

가수 아이유는 중학교 1학년 때부터 매일 일기를 써왔다. 버락 오바마도 백악관에서 8년 동안 버틴 비결이 일기 쓰기였다고 한다. 알버트 아인슈타인은 8만 장이 넘는 일기를 남겼다.

선한목자교회의 유기성 목사는 일기를 꾸준히 썼다. 일기 쓰기가 나중에 '영성일기' 쓰기로 발전했고, 이것이 <예수동행운동>이라는 목양 프로그램으로 발전했다.

정준양 포스코 전 회장은 2010년 최고경영자와의 열린 대화에서 "일기 쓰는 습관을 들여라"라고 강조했다. 그는 "자신의 마음을 정리해야 대화와 소통에도 능숙해질 수 있으니 일기 쓰기를 꾸준히 해보자"라고 했다.

나는 10년간 책을 읽으면서 힘든 시간을 보내야 했다. 힘든 시기를 이길 수 있게 한 것은 말씀 묵상한 것을 글로 표현한 글쓰기였다. 성경 한 본문을 묵상할 때마다 5장 정도의 글을 썼다.

최근에는 일기 쓰기가 시대에 맞게 변모하고 있다. 개인적인 이야기인

일기를 사람들은 유튜브 등에 올린다. 어떤 사람들은 모바일로 일기를 쓴다. 심지어는 일기를 이모티콘으로 쓰기까지 한다. 일기를 어떻게 쓰든, 글로 표현하는 것이 책 쓰기에 큰 유익을 준다.

많이 쓰라

내 책을 읽어 본 사람들은 나의 글이 쉽다고 한다. 글이 쉬운 이유는 글을 많이 쓰기 때문이다. 글을 많이 써야 글쓰기를 잘 배울 수 있다.

〈아트설교연구원〉 회원들은 대체로 글을 잘 쓴다. 글을 잘 쓰게 되는 이유는 두 가지다. 하나는 오전 10시부터 오후 5시까지 모임에서 글을 쓰기 때문이다. 또 다른 하나는 매주 20페이지 이상의 과제를 해 와야 하기 때문이다. 한 마디로, 회원들이 글을 잘 쓰는 이유는 글을 많이 쓰기 때문이다.

어떤 것이든 많이 쓴 만큼 효과가 있다. '삼다'三多라는 말이 있다. '삼다'는 1,000년 전 송나라 문인 구양수1007~1072가 제시한 다독多讀, 다작多作, 다상량多商量'으로, '많이 읽고취재·자료 조사, 많이 쓰고, 많이 생각해보는 것'을 뜻한다. 이는 지금도 유효한 글쓰기 비법으로 통용되고 있다.

문장 노동자인 장석주는 《글쓰기는 스타일이다》에서 많이 읽고 쓰는 것의 중요성을 이렇게 말한다.

"스무 해가 넘도록 대학교, 혹은 공공도서관이나 사회교육센터에서 창작 강의를 했다. 내게 배운 사람들 중 더러는 작가로 등단하기도 했다. 그간 작가 지망생들을 가르쳐본 경험에 비추어 말하자면,

역시나 많이 읽고, 부지런히 썼던 사람들만이 여러 난관을 뚫고, 기어코 작가로 우뚝 서게 된다. 이건 지금껏 단 한 번의 예외도 없는 하나의 법칙이다."

책 쓰기 코치인 송숙희는 《150년 하버드 글쓰기 비법》에서 좋은 글쓰기란 무엇인가를 이렇게 이야기한다.

첫째, 독자에게 내가 원하는 방향으로 영향을 미치는 글쓰기다.
둘째, 핵심 메시지를 빠르게 전하는 글쓰기다.
셋째, 쓸거리를 논리적으로 제시하는 글쓰기다.
넷째, 독자에게 내가 원하는 바를 끌어내는 글쓰기다.
다섯째, 내용을 일리 있고, 조리 있게 구성하는 글쓰기다.
여섯째, 읽고 싶게, 읽기 쉽게, 한눈에 잘 읽히는 글쓰기다.
일곱째, 쓰면서 배우고, 배우면서 쓰는, 몸이 기억하는 글쓰기다.

위의 일곱 가지 방법으로 글을 쓸 수 있다면, 좋은 글쓰기는 시간이 흐르면 될 수 있다는 확신이 든다. 소설가들이 좋은 글을 쓰는 것은 각고의 노력을 기울이며 엄청난 양의 글을 베껴 쓴 결과이다.

좋은 글쓰기는 글 쓰는 사람의 꿈이다. 이 꿈을 이루려면 글을 많이 써야 한다. 〈아트설교연구원〉에서는 수업 중에 많이 쓴 회원의 글에 박수를 보낸다. 많이 쓰다 보면 좋은 글을 쓰게 되기 때문이다.

작가가 되는 방법을 배워라

글을 배우는 것에서 그치면 안 된다. 좋은 글을 쓰는 것에서 그쳐서도 안 된다. 작가가 되는 길까지 터득하는 글쓰기를 해야 한다. 글쓰기와 책 쓰기는 다르기 때문이다.

이혁백은 글 잘 쓰는 방법보다 작가가 되는 방법을 배우라고 《하루 1시간 책 쓰기의 힘》에서 말한다. 그가 그렇게 말하는 것은 작가가 되는 것을 배우면 글을 잘 쓸 수 있기 때문이다.

첫째, 글쓰기가 아닌 책 쓰기를 배워라.

둘째, 머리가 아닌 가슴으로 써라.

셋째, '자신의 이야기를 어떻게 사람들에게 들려줄 수 있을까'를 말하라.

넷째, 글쓰기 실력보다 중요한 것은 '용기와 끈기'다.

작가가 되는 법을 배우려면 저절로 글 쓰는 것이 숙달되어야 한다. 나는 독서하는 사람들에게 글을 쓰기 위해 독서 하지 말고, 책을 쓰기 위한 목적으로 독서를 하라고 말한다. 책을 쓰기 위해 글을 쓰면 결국 글을 잘 쓰게 됨을 알기 때문이다.

5. 책 쓸 시간을 확보하라

시간의 틈을 메꿔라

책을 쓰려면 가장 먼저 할 일이 시간 확보이다. 바쁜 현대인이 책 쓸 시간을 확보하기란 만만치 않은 일이다.

사람들은 책을 쓰자고 하면 대부분 이런 핑계를 댄다.

"도저히 시간이 나지 않습니다."

책 읽기도 쉽지 않은 여건에서 책 쓰기까지 하는 것은 불가능한 일로 여겨질 수 있다. 그럴지라도 책을 쓰고자 한다면 시간을 확보해야 한다. 그러려면 '내가 시간을 어떻게 쓰고 있는가?'를 체크한 뒤 시간을 확보할 수 있도록 삶을 정리해야 한다.

사람들은 시간이 자본이라고 말은 하지만, 시간을 자본처럼 소중히 여기지는 않는다. 시간은 아기처럼 애지중지해야 한다. 그러려면 먼저 시간의 틈을 메꿔야 한다.

시간의 틈을 메꾸며 살아가는 작가들은 '책 쓰기는 시간 쓰기'라고 말한다. 시간의 틈을 어떻게 메꾸느냐에 따라 책 쓰기 여부가 결정되기 때문이다. 사람마다 시간을 대하는 태도가 다르다. 시간을 사용하는 습관도 다르다. 하지만 책을 쓰려면 낭비되는 시간의 틈을 메꿔야 한다.

책을 쓰는 작가들은 "책은 말로 쓰는 것이 아니라 시간과 엉덩이로 쓴다"라고 말한다. 엉덩이는 어떻게 해본다고 해도, 시간을 어떻게 짜낼 것인지가 문제이다.

시간 사용의 노하우를 터득하라

책을 쓰려면 시간의 틈을 메꾸어야 한다. 낭비되는 시간의 틈을 메꾸기 위한 자기만의 노하우가 있어야 한다. 그렇지 않으면 책을 쓸 수 없다.

낭비되는 시간을 방지하려면 책 쓰기를 시간 사용의 중심에 두어야 한다. 6세기경에는 기도가 시간 사용의 중심에 있었다. 수백 년 동안 수도원 시간의 중심이 된 시간은 기도 시간이었다. 수도사들은 시간을 알리는 종소리에 맞춰 기도를 드리기 시작했다.

책 쓰기가 시간 사용의 중심에 있으려면 자투리 시간을 활용할 줄 알아야 한다.《행복을 불러들이는 아침 5시부터 습관》의 저자인 하코다 타다아키는 자투리 시간을 활용해 책을 집필한다고 한다.

"나는 아침 15분으로 책도 집필한다. 15분에 원고지 2장 정도 원고를 쓸 수 있다. 아침에 머리가 깨끗한 시간에 원고를 집필하면 글도 술술 써지고, 매일 이어지는 습관이기 때문에 집필에도 리듬이 생긴다."

자투리 시간을 활용해 책을 쓸 수 있다는 것이 놀랍다. 이혁백은 자투리 시간 확보에 대한 4가지 지침을 이야기한다.

첫째, 나만의 시간을 지정하라.
둘째, 나만의 지정된 시간에는 아무런 방해를 받지 않는 곳으로 가라.
셋째, 거창하게 시작하지 마라.
넷째, 시간을 확보했으면 우선 책부터 읽어라.

위의 4가지는 자투리 시간 활용에 유용한 지침이다. 그리스도인이 책을 쓰려면 먼저 자투리 시간을 어떻게 활용할 것인가를 고민해야 한다. 그러면 여기저기로 새어 나가는 자투리 시간만으로도 책을 쓸 수 있다.

책 쓰기의 '골든 타임'을 찾아라

책을 쓰기 위해 시간을 관리하는 두 번째 방법은 시간 활용의 골든 타임을 찾는 것이다. 큐티를 처음 배울 때, 큐티의 골든 타임은 '새벽'이라고 배웠다. 그때부터 몇십 년간 시간의 골든 타임인 새벽에 큐티를 했다.

중국의 베스트셀러 작가인 가오위안高原은 《하버드대학의 행동력 수업》에서 "'80대 20 법칙', 곧 집중이 잘되는 '골든 타임'을 찾아라"라고 말한다. 그는 단위 시간당 최고의 효율을 발휘하는 방법은 '골든 타임'을 이용해서 중요한 일을 하는 것이라고 말한다.

그가 말하는 골든 타임은 인간의 두뇌가 가장 활발하게 움직이는 시간대다. 그 시간은 보통 오전 10시부터 12시, 오후 3시부터 5시까지의 시간이다. 하루 24시간 중 약 20%에 불과한 이 시간 동안 처리하는 업무량은 하루 업무량의 80%에 육박한다. 따라서 전체 시간의 20%를 잘 활용하는 것이 핵심이다. 중요하고 급한 일은 20%의 골든타임에 처리하고, 급하지 않은 일들은 나머지 80%의 시간에 해야 한다.

책 쓰기를 하려면 각자마다 골든 타임을 갖고 있어야 한다. 나도 책 쓰기의 골든 타임이 있다. 나의 책 쓰기 시간의 골든 타임은 몇 번으로 나뉘어 있다.

먼저, 새벽 시간이다.

다음으로, 카페에서 글을 쓸 때다.

마지막으로, 컨디션이 좋은 상태에서 기차나 고속버스 안이다.

휴렛팩커드의 전 회장 윌리엄 휴렛William Hewlett은 시간 관리의 고수였다. 그는 하루 20%의 시간을 고객들과 중요한 문제를 논의하는 데 썼고, 35%의 시간을 각종 회의에 참석하는 데 사용했다. 그리고 나머지 시간에는 서류를 검토하고, 기타 비즈니스 활동에 참여했다.

나에게 골든 타임은 시간보다는 도리어 마음가짐의 문제이다. 마음먹고 책 쓰기에 집중할 때가 책 쓰기의 골든 타임이 된다. 나는 오전에는 서점에서 책을 읽는다. 그리고 오후와 밤에는 카페에서 책을 쓴다. 조용한 카페에서 책을 쓸 때가 나의 마음이 가장 집중되는 책 쓰기의 골든 타임이다.

골든 타임은 사람마다 다르다. 신체 리듬이나 생활 습관이 사람마다 다르고, 집중이 잘되는 시간도 서로 다르기 때문이다. 그러므로 각자 자신에게 가장 맞는 골든 타임을 찾으면 된다. 책 쓰기의 골든 타임을 찾아야 하는 이유는, 늘 긴급한 일로 쫓기며 살아야 하는 현대인의 삶의 모습에 기인한다.

피터 드러커Peter Ferdinand Drucker는 시간에 대해 이런 말을 한다.

  "빌릴 수도, 고용할 수도, 구매할 수도, 더 소유할 수도 없는 독특한 자원이 바로 시간이다."

책을 쓸 시간의 여유가 없는 현대인이 시간을 효율적으로 사용하기 위해서는 자신만의 골든 타임을 놓치면 안 된다. 그리고 반드시 자신만의 골든 타임을 만들고, 사용해야 한다.

'포모도로 기법'을 활용하라

책을 쓰고자 한다면 '포모도로 시간 관리법'으로 시간을 활용해야 한다. 포모도로 기법Pomodoro Technique은 1980년대 후반 프란체스코 시릴로 Francesco Cirillo가 창안한 시간 관리법이다. '포모도로'는 이탈리아어로 '토마토'를 뜻하는데, '시릴로'가 토마토 모양의 주방 타이머를 사용한 것에서 유래한다.

이 공부법의 핵심은, 타이머를 맞춰 놓고 25분간 집중해서 일이나 공부를 하고 5분간 휴식을 하는 사이클을 반복하는 것이다. 포모도로 기법은 30분 단위로 이루어지므로, 이 사이클을 두 번 수행하면 딱 1시간이 소요된다.

포모도로 기법에는 6단계가 있다.

> 1단계: 학습 자료 선택, 학습 내역을 기록할 종이 준비.
>
> 2단계: 타이머를 25분으로 맞춘다.
>
> 3단계: 알람이 울릴 때까지 공부한다.
>
> 4단계: 알람이 울리면 학습 내역을 기록지에 표시한다.
>
> 5단계: 5분간 휴식한다.
>
> 6단계: 두 번 반복총 1시간의 학습 후 휴식을 취한다.

포모도로 시간 관리법은 25분 동안 한 가지 일에 집중하되, 중간에 휴식 없이 해야 한다. 25분이 지나면 몇 분간 쉬었다가 다시 25분간 일하기를 반복한다. 이 패턴으로 책 쓰기를 반복하는 것이다.

신영준, 고영성은 《뼈있는 아무 말 대잔치》에서 "일단 자신의 하루를 1시간 단위로 적고 평가해라"라고 조언한다. 1시간 단위로 시간을 관리하면 시간을 제대로 활용할 수 있다는 것이다.

나는 시간을 1시간에서 2시간 단위로 관리한다. 보통 책 쓰기에 1시간 동안 집중한다. 1시간을 집중한 다음, 생각을 원상태로 만들기 위해 잠깐 휴식 시간을 갖는다. 만약 2시간을 집중했다면, 산책 등으로 기분을 전환한다. 그렇게 함으로써 머리에 충분한 쉼의 시간을 준다.

자신을 '초전 설득' 시켜라

책 쓰기는 어떻게 자기를 설득하느냐가 관건이다. 미국 애리조나대학교 심리마케팅학과 교수인 로버트 치알디니Robert Cialdini는 《초전 설득》에서 "설득의 귀재는 상대방이 메시지를 접하기도 전에 미리 그것을 받아들이도록 만드는 과정인 '초전 설득'을 잘한다"라고 말한다.

책을 쓰려면 먼저 자신을 설득해야 한다. 자신이 정한 시간표에 따라 스스로 설득을 당한 상태가 되어야 한다. 이 말은 책을 쓸 수 있는 최적의 상태로 나를 만들라는 것이다. 나를 만들되 책을 쓰기 시작한 초반에 그렇게 만들어야 한다는 것이다. 예전의 나는 책 쓰는 초반에 자신이 설득되지 않아, 책을 쓰기보다는 먼저 주변을 정리하다가 시간을 낭비하기 일쑤였다.

자신을 초전 설득시켜야 하는 이유는, 자신만의 '시간 벌레'가 있기 때문이다. '시간 벌레'란 시간을 좀먹는 존재를 말한다. '시간 벌레'는 시간을 죽이는 것이 아니라, 시간을 의미 없이 허비해버리는 것을 말한다. 책을 쓰려면 자신을 '시간 벌레'로 만들면 안 된다. '시간 벌레'가 되면 책 쓰기를 할 수 없음은 물론, 자신의 인생까지 벌레 같이 될 수 있다.

'착벽투광鑿壁偸光'이라는 사자성어가 있다. 그 뜻은 '벽을 뚫어 빛을 훔친다'이다. 중국 전한 시대의 학자이자 정치가인 광형匡衡이 한 말로, 그가 벽을 뚫고 새어 나오는 이웃집의 불빛으로 책을 읽었다는 데서 유래한 말이다. 그는 가난한 집에서 태어나, 낮에는 일해서 가족을 먹여 살려야 했기에 밤밖에는 공부할 시간이 없었다. 하지만 초를 살 돈이 없어서 불을 켜지 못했다. 그렇지만 소중한 시간을 낭비할 수는 없었기에 벽을 뚫고 옆집에서 새어 나오는 불빛에 의지해 책을 읽었다는 것이다. 광형은 어둠도 소중한 시간으로 만들었다.

발명왕 에디슨Thomas Alva Edison은 잠을 줄이는 것으로 시간을 활용했다. 그는 하루에 4시간밖에 자지 않았다. 에디슨보다 더 혹독하게 잠도 자지 않으면서 지독하게 시간을 쓴 사람은 이탈리아의 천재 화가 레오나르도 다빈치Leonardo da Vinci이다. 그는 '위버맨Uberman 수면법'을 개발해 시간을 사용했다. '위버맨 수면법'은 3시간 40분은 깨어 있고 20분은 자는 패턴으로, 시간 낭비를 최소화하는 방법이다.

위대한 사람들은 자신을 초전 설득시켜 시간을 사용한다. 책을 쓰기 시작했다면, 초전 설득으로 시간의 노예가 아니라 시간의 주인공이 되어야 한다.

시간의 주인으로 살라

시간은 흘러가는 것이 이치다. 시간은 누구에게나 공평하게 주어졌다. 주어진 시간이 흘러가면 이미 시간은 사라진 뒤다. 시간은 저장되지 않기 때문이다. 이 소중한 시간은 나의 것이 아니라 하나님의 것이다. 하나님께서 우리에게 시간을 위임하셨다. 위임받은 하나님의 시간을 부끄럽지 않게 사용해야 한다.

노트북을 사용해 타이핑 하면 자료가 남는다. 하지만 시간은 돈처럼 귀하지만, 저장되지 않고 사라진다. 그러므로 시간을 소중하게 사용해야 한다. 지나간 시간은 되돌릴 수 없고, 잃어버린 시간도 되돌려 받을 수 없기 때문이다. 그리고 시간은 내일 쓰겠다고 저축해 놓을 수도 없다.

시간은 채움이라는 것은 없고 그저 비움만 있다. 이 말은 곧 시간은 저장되지 않으니, 더 비워지지 않게 내 것으로 만들라는 말이다. 그러려면 광형과 같이 벽을 뚫고 새어 나오는 이웃집의 불빛으로 책을 읽고, 에디슨과 같이 4시간만 잠을 자며, 다빈치와 같이 '위버맨 수면법'을 사용해 책을 쓸 수 있어야 한다. 그럴 때 '시간의 노예'가 아니라 '시간의 주인'으로 살아갈 수 있다.

시간을 지배하라

시간과 관련하여 두 가지 종류의 사람이 있다. 시간을 지배하는 사람과 시간의 지배를 당하는 사람이다.

독일의 궁정 시인 에션 바흐Wolfram von Eschenbach는 이렇게 말했다.

"시간을 지배할 줄 아는 사람이 인생을 지배할 줄 아는 사람이다."

시간을 지배하는 사람이 인생을 지배할 줄 안다고 한다. 책을 쓰려면 에션 바흐의 말처럼 시간을 지배하는 사람이 되어야 한다.

현실은 어떠한가? 시간의 노예로 살아가고 있지 않은가? 그런 의미에서 가오위안高原이 시간에 대해 한 말을 곰곰이 곱씹어 볼 필요가 있다.

"시간을 제대로 쓰지도 못하는데 지식과 재산을 어떻게 내 것으로 만들겠는가?"

시간을 지배하지 못하면, 지식과 재산을 내 것으로 만들지 못한다. 지식의 총합인 책 쓰기는 시간을 지배한 사람에게만 가능하다.

미국의 시인 칼 샌드버그Carl Sandburg는 이렇게 말했다.

"시간은 누구에게나 공평하게 주어진 자본금이다. 이 자본을 이용한 사람에겐 승리가 있다."

시간을 자본금이라고 한다. 이 자본금은 이미 내 것이다. 하지만 시간을 허투루 사용하면 자본금이 없는 상태가 된다. 내게 공짜로 주어진 자본금을 온전히 내 것이 되게 하는 사람만이 책을 쓸 수 있다.

6. 매일 글쓰기에 도전하라

ㄱ ㄴ ㄷ ㄹ ㅁ ㅂ ㅅ ㅇ ㅈ ㅊ ㅋ ㅌ ㅍ ㅎ

성실한 사람이 책을 쓴다

미국의 대표적 지도자가 된 3%의 사람들은 재학 시절부터 글을 잘 쓰고자 하는 아주 구체적인 비전을 갖고 있었다고 한다.

글을 잘 쓰는 비전을 이루려면 무엇보다 중요한 것이 성실함이다. 매일매일 성실하게 써야 글을 잘 쓸 수 있다. 책 쓰기도 마찬가지이다. 매일매일 글을 씀으로써 한 권의 책을 완성할 수 있다.

이상민은 《보통 사람을 위한 책 쓰기》에서 "책 쓰기에 성공한 분들은 의외로 단순하다"고 말한다. 책 쓰기에 성공한 사람들 특징 중 하나가 '성실함'이었다. 그가 말하는 책 쓰기에 성공한 사람들의 비결은 다음과 같다.

첫째, 목소리가 밝고 건강하며 힘이 있다.

둘째, 방향을 제시하면 믿고 열심히 따라온다.

셋째, 마음이 열려 있고, 늘 진심으로 세상을 대한다.

넷째, 누구보다도 삶에 대한 절박함이 있다.

다섯째, 늘 겸손한 태도를 유지하고 있다.

여섯째, 평범하지만 성실한 삶을 살고 있다.

일곱째, 삶에 대한 어려움을 경험해 보았다.

성실하지 않으면 책 쓰기에 성공하기가 쉽지 않다. 그러므로 책을 쓰고자 한다면 먼저 성실함으로 무장해야 한다.

성실해야 꾸준히 책을 출간한다

나의 성실함이 나에게 책을 쓰게 했다. 그리고 책을 출간하게 해주었다. 나는 지천명에 독서를 시작했다. 책을 읽은 지 8년이 지난 후 책을 쓰기 시작했다.

책 쓰기를 시작한 후 매년 책을 쓰고, 출간하고 있다. 2021년에는 그동안 써놓은 8권의 책을 출간할 계획을 세웠다. 매년 책을 쓰고, 출간할 수 있는 것은 남다른 성실함 때문이다.

내가 성실한 이유는 성실한 아버지를 닮았기 때문이다. 나를 닮은 아들도 성실하다. 이 성실함을 극도로 싫어하는 사람이 있는데, 바로 내 아내다. 아내는 성실한 것이 답답하다고 한다. 하지만 나는 성실한 것이 좋다. 이 성실함이 책을 쓰게 하고, 책을 출간하게 했기 때문이다.

성실함은 답답함이 아니다. 성실함은 그 사람의 능력이 무한대임을 증명해준다. 성실한 사람이 결국 타고난 능력자를 이기는 것을 자주 보았다. 그러므로, 책을 쓰려면 일단 성실해야 한다. 그 성실함이 꾸준히 책을 출간할 수 있는 사람으로 만들어준다.

작가들은 성실하다. 유명한 작가인 어니스트 헤밍웨이Ernest Miller Hemingway, 무라카미 하루키, 윌리엄 깁슨William Ford Gibson 등은 성실하다.

어니스트 헤밍웨이는 이른 아침에 글을 쓴다.

> "저는 새벽이 지나간 이른 아침에 글을 씁니다. 그 시간에는 당신을 방해할 사람이 아무도 없습니다."

21세기의 가장 핫한 소설가 중 한 사람인 무라카미 하루키는 규칙적인 책 쓰기를 한다. 그는 늘 새벽 4시에 일어나, 5~6시간 글을 쓴다. 그 다음에는 마라톤을 한다.

누구나 꾸준히 책을 출간하고 싶어 한다. 지속해서 책을 출간하려면 성실해야 한다. 성실함에는 원하는 결과물을 만들어내는 힘이 내재해 있다.

자신감으로 책을 써라

> "글쓰기는 자신감이 절반이다."

《강원국의 글쓰기》에 나오는 말이다. 이 말은 글쓰기도 타고난 재능으로 하는 것이 아니라, 자신감만 있다면 쓸 수 있다는 뜻이다.

〈아트설교연구원〉에서 수업을 할 때, 가끔 글을 거의 쓰지 못하는 회원이 들어온다. 글쓰기에 자신감이 없으니 수업 시간에 가만히 앉아만 있는다. 그러다가 몇 주간이 지나서 자신감이 붙으면 글을 쓰기 시작한다. 그 자신감으로 인해 몇 달이 지나면, 앉았다 하면 글을 쓰게 된다. 결국 글쓰기는 글솜씨가 아니라 자신감임을 알 수 있다.

글쓰기뿐 아니라 책 쓰기를 가능하게 하는 것도 자신감이다. 주위 사람들에게 책을 쓰라고 권유하면 "나 같은 사람이…"라고 하며 말을 끝맺지 못한다. 그 안을 들여다보면 그가 능력이 아니라 자신감이 없음을 발견한다.

나도 그랬었다. 나중에 책을 쓰면서 깨달은 것은, 책은 능력으로 쓰는 것이 아니라 자신감으로 쓴다는 것이다. 그 자신감이 무모한 자신감이라도 상관없다. 자신감만 있으면 책을 쓸 수 있다. 책을 못 쓰는 이유는 자신감 결여 때문이다.

나도 글을 쓸 줄 모르지만, 자신감 하나로 글을 썼다. 책을 쓸 때도 마찬가지로 자신감으로 썼다. 잘 쓰고 못 쓰고는 그다음이다. 그러므로 책을 쓰기 전에 먼저 자신감을 장착해야 한다.

강원국은 글을 쓰게 하려면 일부러라도 자신감을 북돋워 줄 필요가 있다고 말한다. 그 이유를 세 가지로 말한다.

첫째, 내 안에 있는 쓸 거리를 끄집어내기 위해서다.

사람마다 스스로 쓸 거리가 있다. 문제는 내 안에 쓸 거리가 있다는 자신감이 부족한 것이다. 성인이라면 자신 안에 무궁무진한 쓸 거리가 있다.

둘째, 과도하게 다른 사람 눈치를 보면 글이 안 써지기 때문이다.

사람들은 눈치를 많이 본다. 설교 글쓰기를 가르치다 보면 회원들이 다른 사람을 많이 의식하는 것을 보게 된다. 자기 글이 다른 사람에게 보여줄 정도가 안된다는 생각 때문이다. 남을 의식하면 글을 쓸 수 없다. 그러나 자신만 생각하면 얼마든지 글을 쓸 수 있다.

셋째, 언제든 내가 쓴 글을 남에게 보여줄 수 있어야 하기 때문이다.

자기가 쓴 글을 남에게 잘 보여주는 사람은 글을 더 잘 쓰게 된다. 반대로, 안 보여주는 사람은 갈수록 더 못 쓰게 된다. 책을 쓰려고 한다면, 다른 것은 다 제쳐두더라도 '쓸 수 있다'라는 자신감이 있어야 한다. 그 자신감으로 세상을 향해 '덤빌 테면 한 번 덤벼 봐!'라는 자세로 써야 한다.

하루에 한 시간씩 써라

앞에서도 반복해서 말했지만, 책 쓰기는 습관이 중요하다. 책 쓰는 사람은 매일 책을 쓰는 습관을 들여야 한다. 매일 한 시간씩 글을 쓰는 것을 습관으로 만들어야 한다.

하루 한 시간씩 글을 쓰려면 무엇보다 먼저 성실해야 한다. 그리고 자신감이 있어야 한다. 마지막으로 실행력이 필요하다. 하루 한 시간씩 글을 쓰다 보면, 시간이 흐른 후에 책이 쓰여 있게 된다.

책을 쓰는 데 정한 시간만큼 쓰는 사람이 있고, 정한 페이지만큼 쓰는 사람이 있다. 강원국은 시간이 아니라 페이지를 강조한다. 그는 "하루 1시간씩 쓰지 말고, 하루 원고지 5매씩 쓰자고 다짐해 보자"라고 말한다. 이 말도 일리가 있다. 그러나 나는 페이지보다 시간을 정해서 쓰는 유형이다. 많은 시간을 쓸 때 더 효과적으로 쓴다고 생각하기 때문이다.

고려대학교 심리학과 교수인 고영건과 서울여자대학교 교수인 김진영이 쓴 《행복의 품격》에서는 "사람이 받는 선물 중의 선물은 바로 시간이다"라고 말한다. 이 선물 중의 선물인 시간을 책 쓰는 것에 투자하는 것이 최고의 투자다.

"하루에 한 시간씩 책을 쓰기로 정하면, 선물로 받은 시간의 주인공으로 살게 된다."

매일 한 꼭지씩 써라

〈타임〉지는 지난 1,000년 동안의 가장 위대한 인물로 구텐베르크를 선정했다. 나는 구텐베르크가 선정된 이유가 인쇄술 창안 때문이 아니라고 생각한다. 그의 최고의 업적은 인류의 위대한 유산인 《성경》을 인쇄한 것이다.

성경은 한 사람이 하루아침에 쓴 것이 아니다. 40여 명의 저자가 오랜 시간에 걸쳐서 한 장씩, 그리고 한 권씩 쓴 내용이 모여서 만들어진 것이다.

성경만 그렇지 않다. 모든 책은 한 꼭지씩 써서 만들어진다. 무라카미 하루키는 매일 20페이지씩 쓴다고 한다. 한 꼭지, 한 꼭지 쓰다 보면 20

페이지를 쓰게 되는 것이다.

작가들은 하루에 한 꼭지나, A4용지 한 장씩 쓴다고 한다. 김도사_{김태광}와 권마담은《김대리는 어떻게 1개월 만에 작가가 됐을까》에서 한 문장씩 쓰는 습관의 힘을 이야기한다. 그들은 한 문장, 한 문장이 모여 한 권의 책이 된다고 말한다.

한 문장씩 쓰던, 한 꼭지씩 쓰던, 쓰다 보면 글들이 모여 책이 된다. '천리 길도 한 걸음부터'라는 말과 같이 한 문장씩, 한 꼭지씩 쓰다 보면, 한 권의 책이 완성된다.

4장.
책 쓰기를 기획하라

책 쓰기! 나도 할 수 있다

제5장 책쓰기의 출판 수완이다

1. 콘셉트가 책의 가치를 결정한다

2. 제목이 책을 죽이고, 살린다

3. 목차잡기에 승부를 걸어라

4. 표지, 첫인상을 좌우한다

5. 책 출간은 타이밍이다

6. 결국은 내용이다

책 쓰기!
나도 할 수 있다

1. 콘셉트가 책의 가치를 결정한다

책 쓰기는 '콘셉트 잡기'부터

　"목사님, 책 쓰기는 콘셉트부터 잡는 거네요."

　회원 중 한 명이 책 쓰기 컨펌Confirm을 받으면서 한 말이다.

　"책은 무턱대고 쓰면 큰일 나겠어요. 이제 알았어요. 책은 콘셉트부터 잡고 난 뒤 써야 한다는 것을요."

　책을 쓸 때는 콘셉트가 중요하다. 나는 책 쓰기를 가르친다. 책 쓰기 강좌를 할 때마다 첫 강의는 콘셉트 잡기다. 자신에게 맞는 콘셉트, 시대 흐름에 맞는 콘셉트, 남들과 차별화된 콘셉트를 잡는 것이 중요하기 때문이다.

　책은 자신이 쓰고 싶은 것을 쓰되, 콘셉트를 잡은 뒤에 써야 한다. 콘셉트를 잡지 않고 무턱대고 쓰면 좋은 책이 나올 수 없다. 나도 책을 쓸 때 가장 먼저 하는 것이 콘셉트 잡기이다.

〈아트설교연구원〉을 시작할 때도 가장 많이 고민한 것이 '어떤 콘셉트로 할 것인가?'였다. 당시에 설교 세미나가 셀 수 없이 많았다. 그런데 그중에 '설교 글쓰기'를 하는 곳이 하나도 없음을 발견했다. 그래서 〈아트설교연구원〉의 콘셉트를 '설교 글쓰기'로 잡았다. 결국 잘 잡은 콘셉트가 주효했고, '설교 글쓰기'로 많은 설교자의 사랑을 받게 되었다.

장사도 콘셉트가 좋아야 성공한다. '어떤 업종으로 할 것인가?'가 중요하듯이, 책 쓰기도 콘셉트가 중요하다. 콘셉트도 잡지 않고 책을 쓰기 시작하는 사람을 봤다. 그래서는 좋은 책이 나올 리가 없다.

콘셉트부터 잡고 책을 써야 하는 이유가 무엇인가? 그래야 책을 쓰는 이유가 분명해지고, 어떤 책을 쓸 것인지가 선명해지며, 목표하는 독자층이 어떤 사람들인지 뚜렷해지기 때문이다.

저자들은 책을 쓸 때 기획 단계를 중시한다. 기획 단계에서 해야 하는 것이 콘셉트 잡기이다. '콘셉트'는 책 쓰기의 이정표이자, 방향성이다. 책의 콘셉트는 한마디로 말해서 책의 제목이라 할 수 있다. 그러므로 책을 쓰려면 기획 단계에서부터 콘셉트 잡는 데 시간과 노력을 아낌없이 들여야 한다.

'콘셉트 잡기'는 책 쓰기의 전부이다

앞에서 책 쓰기는 콘셉트 잡기라고 했다. 콘셉트 잡기는 책 쓰기의 전부라고 해도 과언이 아니다. 콘셉트의 중요성을 알고 쓴 책과 모르고 쓴 책은 독자의 반응이 천지 차이가 난다.

그동안 내가 쓴 책의 콘셉트는 몇 가지로 크게 분류할 수 있다. 첫 번째는 '설교 글쓰기'였다. 그다음은 '인문학'이었다. 코로나를 겪으면서는 '콘텐츠'를 콘셉트로 잡았다.

'설교 글쓰기' 콘셉트로 쓴 책들은 《설교는 글쓰기다》, 《설교자와 묵상》, 《설교를 통해 배운다》, 《나만의 설교를 만드는 글쓰기 특강》 등이다. 그리고 2022년도에 출간할 《개념을 활용한 글쓰기》가 이에 해당한다.

'인문학' 콘셉트로 쓴 책은 《설교는 인문학이다》, 《설교자, 왜 인문학을 공부해야 하는가?》, 《인문학, 설교에 어떻게 활용할 것인가?》 등이다. 그리고 《인문학으로 성경 읽기》도 출간을 준비하고 있다.

'콘텐츠' 콘셉트로는 《언택트와 교회》를 썼고, 《성경, 콘텐츠 중에 최고다》를 쓰고 있다.

위의 책 쓰기를 통해서 알 수 있듯이, 책 쓰기는 콘셉트에 따라 결정된다. 그러므로 책을 쓰고자 한다면, 콘셉트가 책 쓰기의 전부라는 생각으로 콘셉트 잡기에 집중해야 한다.

콘셉트가 책의 가치를 결정한다

콘셉트는 나만이 가지고 있는 정체성identity으로 곧, '자신에 관한 규정'을 뜻한다. 콘셉트의 어원은 라틴어 'conceptus'이다. 'conceptus'는 'con'여럿을 함께와 'cept'잡다, 취하다가 결합된 말로, 여러 가지를 하나의 핵심으로 엮어서 꿴 것을 말한다. 쉽게 말해 콘셉트는 저자가 전하려는 생각이나 의도를 다른 사람들이 한 번에 알아차리게 하는 역할을 한다.

책만 콘셉트가 중요한 게 아니다. 김난도는 《트렌드코리아 2019》에서 '2019년의 세상은 콘셉트를 중시할 것'이라고 말했다. 그는 정체성은 개념, 즉 '콘셉트'의 연출로 가능하다고 말한다. 이는 소비자들이 그냥 멋진 것이 아니라, 자기 콘셉트와 맞는 것에 열광하기 때문이다. 그렇다면 이런 상황에서 기업이 살아남기 위해서는 이제 마케팅을 넘어 콘셉팅*이 필요하다고 말한다.

나라마다 입국심사의 콘셉트가 다르다. 베트남은 그 사람이 어느 나라 사람인가를 본다. 일본은 호텔에 머무는지, 호텔 외의 장소에 머무는지, 숙소를 본다. 홍콩은 여행객이면 무조건 오케이 하는 것 같다.

나라마다 각자의 콘셉트를 갖고 입국자를 맞이하듯이, 책을 쓰려는 사람은 콘셉트를 중시해야 한다. 콘셉트에 따라 입국 여부가 결정되듯이, 콘셉트에 따라 책이 결정되기 때문이다.

좋은 책은 콘셉트가 남다르다. 팔리지 않는 책을 보면 콘셉트가 썩 마음에 와닿지 않는다. 그러므로 책을 쓰기 전에 어떤 콘셉트로 책을 쓸 것인지를 먼저 정해야 한다. 콘셉트를 정하는 기준은, '할 수만 있다면 사람의 마음을 끌어당기는 것'이어야 한다.

콘셉트, 이렇게 잡으라

1. 독자를 맨 앞에 두라.

대화 중에는 상대방의 눈을 보아야 한다. 다른 곳을 보면서 대화하는

---

* 이미지에 열광하고 변화를 거듭하는 젊은 층이 기능이 아닌 콘셉트를 소비하는 경향을 말한다.

책 쓰기!
나도 할 수 있다

것은 상대방에 대한 예의가 아니다. 마찬가지로 콘셉트를 잡을 때도 독자를 가장 먼저 고려해야 한다.

책 쓰기 강의에서 가장 많이 듣는 말 중 하나가 "한 명의 독자를 대상으로 책을 쓰라"는 것이다. 책을 쓸 때, 한 사람에게 이야기하듯 써야 한다. 마찬가지로 콘셉트도 한 사람이 감동에 빠져들 수 있도록 잡아야 한다. 그러므로 콘셉트를 잡으려면 먼저 독자가 듣고 싶은 말이 무엇인지를 고려해야 한다.

이렇게 말하는 사람들이 있다.

"자기 맘에 들 때까지 글을 쓴다."

이것은 글을 쓰는 좋은 자세이다. 그러나 더 좋은 자세는, 독자의 맘에 들게 글을 쓰는 것이다. 나는 아직도 미숙하지만, 늘 독자를 먼저 생각하며 글을 쓴다. 독자가 이 글에 어떤 반응을 보일까를 고민하며 쓴다.

2. 할 수만 있다면 좁게 잡아라.

콘셉트를 잡을 때 두 번째로 기억할 것은, '할 수만 있다면 콘셉트를 좁게 잡아야 한다'는 것이다. 독자층을 분명히 하여 콘셉트를 잡는 것이 책 쓰기의 기본이다.

좋은 글은 선명하다. 좋은 책은 목적과 목표가 분명하다. 그래서 좋은 책은 독자가 쉽게 이해한다. 더 나아가 독자가 감동한다. 그 이유는 앞에서도 말했듯이, 독자 한 명에 초점을 맞췄기 때문이다.

책을 쓸 때, 한 사람의 독자를 만족시키려고 써야 한다. 한 사람의 독자가 만족하면 다른 독자도 만족하게 된다. 모두를 만족시키려 해서는 안 된다. 그러면 단 한 사람도 만족시킬 수 없게 된다.

기독교 서적은 판매 부수가 적다. 1쇄를 판매하는 것도 만만치 않다. 특히 신학적인 책이라면 1쇄를 판매하는 데 몇 년이 걸릴 수도 있다. 그러므로 모든 사람이 아니라 소수의 사람을 만족시킨다는 생각으로 책을 써야 한다.

그러므로 콘셉트를 잡을 때도 좁게 잡아야 한다. 좁게 잡은 콘셉트가 의외로 독자에게 큰 반향을 일으킬 수 있다.

3. 자기에게서 나와야 한다.

최근에 보험업을 하는 지인에게 보험에 관한 책을 써보라고 권했다. 보험업에 20년 이상 몸담았기에 자신만의 노하우가 있으리라고 생각했기 때문이다. 상담 일을 하는 지인에게는 상담과 관련된 책 쓰기를 권했다. 자신이 가장 관심이 많은 분야이기 때문이다. 성경을 많이 아는 회원에게는 성경 개론서 쓰기를 권했다. 그는 창세기부터 요한계시록까지 성경 전체를 꿰뚫고 있기 때문이다.

콘셉트 잡기의 세 번째 원칙은, 그 콘셉트가 자기에게서 나와야 한다는 것이다. 자기와 무관한 콘셉트를 잡으면 안 된다. 콘셉트는 언제나 자기에게서 나와야 한다. 독자는 저자의 경험을 통해 노하우를 배우고자 하기 때문이다.

책 쓰기 여행을 하면서 '공감'과 관련된 콘셉트의 책을 썼다. '공감'에 관한 책을 쓰게 된 것은, 《설교는 글쓰기다》에서 설교자와 청중의 공감에 관한 글을 쓴 이후 오랜 기간 고민한 결과였다. 나는 '공감'에 관한 책

책 쓰기!
나도 할 수 있다

을 쓰면서 공감의 중요성은 물론, 자신이 '공감맹'이란 사실을 깨달았다. 이 책은 다른 사람에게서 나온 것이 아니라 나 자신에게서 나온 것이다.

'공감'에 관한 책을 쓴 또 하나의 이유는, 설교자들을 가르치면서 설교자들이 설교를 통한 교인과의 공감에 그다지 관심이 없다는 것을 알게 되었기 때문이다.

'공감'에 관한 책을 쓴 마지막 이유는, 설교는 공감을 기반으로 하는 것인데도 기독교 서적 중 공감에 관한 책이 아주 적었기 때문이다. 일반 책은 공감과 관련된 것이 많다. 하지만 기독교는 생각보다 적다. 기독교 포털 사이트인 <갓피플>에서 '공감'을 검색하면 관련된 책이 거의 발견되지 않는다. 공감을 기본으로 하는 신학 분야에 공감과 관련된 책이 없다는 것은 '목회가 자기에게서 나오지 않고 있음을 보여주는 것'이라고 말하면 너무 심한 말일까?

정창윤은 《콘셉트 있는 공간》에서 소비자의 방문과 구매를 유도하는 콘셉트를 정하기 위해서는 아래의 2가지를 따르라고 말한다.

첫째, 회사 설립 이후 지향해 온 것은 무엇인지, 무엇을 중요하게 생각해왔는지 파악해야 한다.
둘째, 현재의 소비자들이 무엇을 지향하는지 알아야 한다.

마찬가지로, 책의 콘셉트를 정할 때 몇 가지 질문을 자신에게 던져야 한다.

첫째, 이 책이 브랜드화될 수 있는가?

둘째, 한 마디로 어떤 책이라 말할 수 있는가?

셋째, 독자층이 명확한가?

넷째, 독자를 만족시켜 줄 수 있는 콘셉트인가?

다섯째, 책이 시대에 맞는가? 즉 요즘 트렌드에 부합하는가?

위의 다섯 가지 질문이 자신에게서 나와야 한다. 자신에게서 나오지 않으면 책을 쓰는 시간이 고역의 시간이 될 수 있다.

4. 시대와 유관해야 한다.

앞에서, 책의 콘셉트를 잡을 때 마지막 다섯 번째 질문이 '책이 시대에 맞는가?' 즉, '요즘 트렌드에 부합하는가?'였다. 책 출간은 타이밍이 중요하다. 베스트셀러가 될지를 결정짓는 바로미터가 타이밍이라고 해도 과언이 아니다.

최근에 '메타버스'와 관련된 책들이 독자의 관심을 받고 있다. 그 이유는 메타버스의 타이밍이 시대의 흐름과 맞기 때문이다. 나의 책《언택트와 교회》는 코로나19가 발생한 첫해에 썼다. 하지만 여러 가지 이유로 그다음 해에야 출간되었다. 타이밍을 놓친 것이다. 그 결과 예상보다는 책이 덜 팔렸다.

콘셉트에서 가장 중요한 것은 '시대의 흐름'과 유관해야 한다는 것이다. 즉, 시대의 '타이밍timing'과 맞아떨어져야 좋은 반응을 얻을 수 있다.

5. 독자의 관심을 끌 수 있어야 한다.

앞에서, 콘셉트를 잡을 때 독자를 맨 앞에 두라고 했다. 이 말은 콘셉트를 정할 때 독자의 관심을 끌 수 있도록 잡으라는 말이다. 독자의 관심을 끌게 되면 그 콘셉트가 독자에게 돋보일 수 있다. 어떤 책이든 독자가 외면하면 책의 기능을 할 수 없다. 그러므로 독자의 관심을 끄는 제목을 잡기 위해 깊이 고민해야 한다.

독자의 관심을 끄는 콘셉트를 잡으려면, 무엇보다 먼저 할 일이 책의 동향을 파악하는 시장 조사이다. "책의 콘셉트를 잡을 때 인터넷 서점의 100위 안에 드는 책의 제목을 분석하라"라는 말을 들은 적이 있다. 사람들의 관심이 어디에 있는지를 아는 것이 중요하기 때문이다.

두 번째로 할 것은, 아직 사람들의 관심 대상이 아니지만, 관심을 끌 만한 콘셉트를 잡는 것이다. 나의 책《설교는 인문학이다》는 출간된 뒤 독자들에게 논란을 불러일으켰다. 온라인상에서 '왜 설교가 인문학이어야 하는지'에 대해서 논쟁이 오고 갔다. 그에 앞서 출간한《설교는 글쓰기다》도 논란의 한가운데 있었다. 내 책의 콘셉트가 사람들의 관심을 끌었다는 뜻이다. 최근에는 인문학이 관심 키워드이다. 융합의 시대에 신학은 인문학과 함께 가지 않으면 안 되는 상황이 왔기 때문이다.

앞에서도 이야기했지만, 나는 '공감'에 관한 책을 썼다. 책의 콘셉트를 '공감'으로 정한 뒤 모 출판사 편집자와 대화하는 중 이런 말을 들었다.

"공감 책, 관심 있습니다."

이처럼, 책은 독자들이 관심을 가질만한 콘셉트여야 한다. 관심이 없으면 콘셉트로 결정하는 것을 고민해야 한다. 그것은 독자들의 관심 여부가 책의 수명을 결정하기 때문이다.

6. 출판사로부터 관심을 받아야 한다.

자신이 생각하기에 좋은 콘셉트도 중요하다. 그러나 더 중요한 것은 독자의 관심이다. 그리고 최종적으로, 출판사의 관심을 받는 콘셉트여야 한다.

콘셉트는 시대의 흐름에 부합되어야 한다. 더 나아가 출판사와 궁합이 맞아야 한다. 출판사마다 추구하는 콘셉트가 있다. 출판사 <샘솟는기쁨>은 인문학 콘셉트를 선호한다. <글과길>도 인문학 콘셉트를 선호한다. 어떤 출판사는 대중적인 책, 잘 팔리는 책의 콘셉트를 선호한다. 어떤 출판사는 신학적인 콘셉트를 선호한다.

자신이 책을 내기 원하는 출판사가 있다면, 그 출판사의 콘셉트에 맞춰서 책을 써야 한다. 출판사들이 책의 출간을 결정할 때, 그 심사를 무척 까다롭게 한다. 책의 판매가 출판사 운영에 막대한 영향을 미치기 때문이다. 출판사에서 나오는 말 중에 이런 말이 있다.

"책은 만들기가 아니라 판매다."

책이 몇 권 팔리느냐에 따라 출판사 운영이 좌우된다. 그러므로 출판사 입장에서도 저자의 콘셉트가 출판사의 입장과 맞아떨어져야 한다.

콘셉트에서 중요한 세 가지

출판사 <다산북스>에서 주최한 '책 쓰기 세미나'에 참여한 적이 있다. 다산북스 대표는 출판사에서 가장 중요하게 생각하는 것이 콘셉트라고

책 쓰기!
나도 할 수 있다

말했다. 그는 콘셉트에서 중요한 것은 세 가지라고 했다.

첫째, 시대정신을 담아낸 책이다.

문재인 정권이 들어선 뒤 '공정'을 강조했다. 그러자 '공정'이 화두가 되었고, 하버드대학교 교수인 마이클 샌델Michael Sandel의 《공정하다는 착각》이 큰 반향을 불러일으키고 있다.

공정과 관련해 교회 내에서는 공공신학이 대두되었다. 그러자 공공신학에 관련된 《복음의 공공성》김근주, 《공공신학과 한국 사회》성석환, 《하나님 나라 복음과 교회의 공공성》송영목 등이 출간되어 주목을 받았다.

둘째, 다른 사람이 쓰지 않은 책이다.

이미 다른 사람이 쓴 책에 출판사는 관심이 없다. 내가 《설교는 글쓰기다》의 <실제 편>을 쓴 뒤 어느 출판사에 출간 의사를 물었던 적이 있다. 그랬더니 이미 나왔던 책이라 관심이 없다고 했다. 출판사는 다른 사람이 쓰지 않은 책이라야 관심을 보인다.

그 책이 다른 출판사에서 《나만의 설교를 만드는 글쓰기 특강》이라는 제목으로 출간되었고, 독자들의 큰 사랑을 받고 있다.

셋째, 독자들의 관심이 지대한 책이다.

'힐링'이 한창 주목받을 때는 '힐링'에 관한 책이 많이 출판되었다. 2018년에는 '말'에 관한 책이 많이 출판되었다. 그것이 시대에 맞는 콘셉트였다. 사람들이 관심 있어 하는 콘셉트의 책이라야 독자들의 반응을 기대할 수 있다.

출판사는 콘셉트 개발에 많은 시간을 보낸다. 마찬가지로 저자도 콘셉트 잡기에 많은 시간을 투자해야 한다.

카피라이터 탁정언은 이런 말을 했다.

"좋은 콘셉트란 즉시 반응이 오는 것이다."

좋은 콘셉트는 독자들로부터 즉각적인 반응이 일어날 만큼 명확하고 간략하되, 강렬해야 한다.

위의 것들이 다 맞는다고 해서 책을 쓸 수 있는 것은 아니다. 책을 쓰기 위해서는 저자가 관심 있는 콘셉트여야 함은 물론이고, 자신이 쓸 수 있는 콘셉트여야 한다. 나도 여러 방면의 책을 쓰고 싶은 욕심이 있다. 하지만 내가 쓸 수 없는 콘셉트가 있다. 그런 경우에는 시도하지 않으려 한다. 내가 쓸 수 없는 콘셉트라면, 그 콘셉트는 그저 그림의 떡일 뿐이다.

2. 제목이 책을 죽이고, 살린다

콘셉트를 잡은 뒤 고민할 것은 책의 제목이다. 책은 제목이 절반 이상을 차지하기 때문이다. 독자들이 가장 먼저 만나는 것은 두 가지이다. 책의 제목과 표지가 그것이다. 책 제목과 표지가 독자의 눈길을 사로잡지 못한다면, 잘 팔리는 책이 되리라는 기대는 접어야 한다.

제목이 첫인상이다

책을 쓸 때 고려할 다섯 가지가 있다.

첫째, 제목이다.

둘째, 표지이다.

셋째, 목차이다.

넷째, 타이밍이다.

다섯째, 내용이다.

다섯 가지 중 어느 하나도 소홀히 하면 안 된다. 다섯 가지가 맞물릴 때 독자가 관심을 보인다.

이 다섯 개의 고려사항 중 첫 번째가 '제목'이다. 책의 제목은 마치 이성을 처음 만났을 때의 첫인상과 같은 것이다. 최근에 친구가 자신이 정한 책 제목을 말해주었다. 듣는 순간 '아니다' 싶었다. 나 같으면 이 제목을 보고는 관심이 가지 않을 것이라고 말해주었다.

책의 제목은 대단히 중요하다. 내가 책을 출간할 때마다 사람들에게 가장 많이 듣는 말은 책 제목과 표지 디자인에 관한 것이다. 이는 사람들의 관심이 책 제목과 표지 디자인에 있다는 것을 말해준다.

최근에 책을 출간하면서 책 제목을 놓고 토론까지 한 적이 있다. 나의 '설교 글쓰기' 책 중 두 번째 책은 《나만의 설교를 만드는 글쓰기 특강》이다. 원래 내가 정했던 제목은 《설교 글쓰기의 7단계》였다. 하지만 출판사 <꿈미>꿈이 있는 미래에서 회의와 고민 끝에 《나만의 설교를 만드는 글쓰기 특강》으로 제목을 잡았다.

이 책은 분명히 종교 분야의 책인데, 알라딘에서는 '인문학'으로도 분류했다. 그 결과 '인문학' 중 '책 읽기/글쓰기'에도 포함되었다. 제목을 '글쓰기 특강'으로 잡았기에 '종교, 역학'은 물론, '인문학'으로도 분류될 수 있었다. 이처럼 책의 제목은 중요하다. 제목이 책의 운명을 결정한다.

제목, 독자의 눈에 가장 먼저 들어온다

책 제목이 중요한 이유는 제목이 책의 얼굴이기 때문이다. 아주대학교 교수 주철환은 그의 책 《거울과 나침반》에서 '드라마 프로그램에서 제목은 얼굴이자 간판'이라고 말한다. 그래서 드라마 제작진은 자식 이름 짓는 일만큼이나 드라마 제목 정하는 일에 신경을 쓴다고 한다.

책 제목은 듣기 좋고, 부르기 좋은 원칙을 갖고 정해야 한다. 느낌이 추레하지 않고 산뜻해야 한다. 드라마 제작진은 작품의 성격을 매력적으로 함축하는 이름을 선호한다고 한다. 그리고 제목도 시류를 타므로 시류에 맞게 만든다고 한다. 책 제목도 당연히 시류에 맞아야 한다. 그리고 어감도 좋아야 한다.

독자들은 책을 살 때 제목을 중요시한다. 그러므로 책의 얼굴이라는 생각으로 제목에 신경을 써야 한다. 주철환은 《인생이 모여 인생이 된다》에서 그의 독서법을 소개하면서, 그가 서가에서 책을 꺼내 펼칠 때 가장 먼저 보는 것이 제목이라고 말한다. 그는 책 제목을 보고 '무슨 이야기일까?' 하고 먼저 상상을 한 다음, '왜 이 시점에 이런 책이 나왔을까'를 헤아려 본 뒤, 책을 펼쳐서 저자의 생각을 따라가며 읽는다고 한다. 그런 방식으로 독서를 하면 나름 유익한 결과를 얻곤 한다는 것이다.

2011년 '싱커스 50'이 선정한 '세계에서 가장 영향력 있는 50인의 비즈니스 사상가'인 다니엘 핑크Daniel Pink는 《파는 것이 인간이다》에서 '피치', 즉 설득력 있게 요점만 전달하는 여섯 가지 능력을 이야기한다. 그 중 한 가지가 '제목' 피치다. 그는 제목을 잡는 방법 두 가지를 말한다. 첫째, 유용성을 강조할 것인지? 둘째, 호기심을 강조할 것인지? 그는 잘 모르는 이들에게는 유용성을 강조하는 제목을 잡으라고 말한다. 하지만 잘 아는 이들에게는 호기심을 강조하는 제목이 좋다고 말한다.

이처럼 전문가들은 책의 얼굴인 제목을 중시한다. 유명한 저자가 아니라면, 독자의 호기심을 불러일으키는 제목으로 잡아야 한다. 제목만 보고도 무슨 이야기를 하는지 짐작할 수 있는 제목을 잡아야 한다.

얼굴에 문제가 생기면 다른 사람을 만나는 것이 꺼려진다. 나는 최근에 피부과에서 얼굴의 점을 뺐다. 점을 뺐더니 얼굴이 흉측해졌다. 피부 보호를 위해 재생 테이프를 덕지덕지 붙여놓았기 때문이다. 이런 흉측한 얼굴을 아름다운 얼굴로 만들어야 한다.

책 제목을 정하는 것은 이와 같다. 책을 아름답게 만들기 위해서는 책의 얼굴인 제목을 잘 잡아야 하는데, 특별히 적극적으로 어필할 수 있는 매력적인 제목으로 잡아야 한다. 그렇게 잡은 제목은 어디서나, 누구에게나 자랑하고 싶은 제목이 된다.

제목이 성공과 실패를 결정한다

제목 잡기에 시간을 많이 투자해야 하는 이유는, 제목에 따라 책의 성공과 실패가 결정되기 때문이다. 나의 책 중에도 제목 때문에 성공한 책과, 실패한 책이 있다.

먼저, 실패한 책은 《이기는 독서》이다. 이 책을 출간할 때 내용보다 제목에는 신경을 많이 쓰지 못했다. 이 책은 독서를 통해 자신을 이기면, 넘을 수 없었던 인생과 세상의 벽을 넘게 된다는 것을 말하고 있다. 이러한 내용에 맞춰 제목을 잡았더니 나의 애정에 비해 책의 반응이 좋지 못했다. 주위 사람들로부터 "제목이 책의 가치를 떨어뜨렸다."라는 말을 많이 들었다.

《설교를 통해 배운다》도 제목에 실패한 책이다. 원래 생각했던 제목은 다른 것이었다. 그런데 지인이 여러 번 책 제목을 바꾸자고 하기에, 그 말을 듣고 제목을 바꾸었다. 하지만 생각보다 훨씬 반응이 좋지 않았다. 그러자 원래의 제목을 알고 있던 사람이 "왜 원래 제목대로 하지 않았느냐?"라고, 몇 번이나 아쉬워하는 말을 했다.

제목이 좋아서 책이 성공한 경우도 있다.《설교는 글쓰기다》,《설교는 인문학이다》는 제목 때문에 뜨거운 반응을 불러일으켰고, 지금도 여전히 잘 팔리고 있다..

한 번은 친구가, 책 쓰기 강사가 이런 말을 했다고 전해주었다.

> "책 제목은 내용과 무관하게, 독자의 관심을 끌 수 있는 제목으로 잡아야 한다."

나도 이 말에 전적으로 동의한다. 저자가 책 제목 때문에 울기도 하고, 웃기도 하니 말이다.

《칭찬은 고래도 춤추게 한다》라는 유명한 베스트셀러가 있다. 이 책이 처음 출간될 때의 제목은《칭찬의 힘》이었다고 한다. 이 제목으로 출판된 책은 별 관심을 끌지 못했다. 그런데 제목을 바꾼 뒤 출간하자 날개 돋친 듯 책이 팔려나갔다.

김진명의 소설《무궁화꽃이 피었습니다》도 원래 1992년 실록 출판사에서 《플루토늄의 해방》이라는 제목으로 출판되었던 책이다. 이 책 역시 큰 반응을 얻지 못했는데, 해냄 출판사에서《무궁화꽃이 피었습니다》로 제목을 바꿔 출간하여 밀리언셀러가 되었다.

무라카미 하루키의 《상실의 시대》도 원래 《노르웨이의 숲》으로 나왔을 때는 독자의 사랑을 받지 못했다. 나중에 제목을 《상실의 시대》로 바꾼 뒤 스테디셀러가 되었다.

제목은 책의 판매와도 직결된다

책의 제목이 중요한 또 하나의 이유가 있다. 책의 판매에 가장 큰 영향을 미치는 것이 제목이기 때문이다. 독자들은 책을 살 때 제일 먼저 제목을 본다. 오프라인 서점이든 온라인 서점이든, 가장 먼저 보이는 것은 책의 제목이다.

나 역시도 읽거나 살 책을 선정할 때 제목부터 본다. 제목이 좋다고 해서 반드시 좋은 책은 아니다. 제목만 보고 책을 산 뒤 낭패를 본 경우도 허다하다. 그럴지라도 여전히 책 제목이 구매에 큰 영향을 미친다. 그러므로 제목을 잘 정해야만 한다.

책 제목이 판매에 결정적 요인이라면 책 제목을 잡는 데 남다른 노하우를 갖춰야 한다. 책 제목을 잘 잡는 제일 좋은 방법은 책을 많이 읽는 것이다. 책을 많이 읽다 보면 어떤 제목이 좋은가에 대한 안목이 열린다. 특히 제목이 좋은 책을 많이 접해야 한다.

책을 출간하는 이유는 사람마다 다르겠지만, 많이 팔렸으면 하는 마음에는 차이가 없다. 만약에 책이 팔리지 않는다면 속상한 마음은 이루 말할 수 없을 것이다. 책이 안 팔리는 가장 큰 이유가 제목에 있다면, 책 제목을 정하는 나름의 노하우를 갖고 있어야 한다.

친구가 출간한 책이 집에 쌓여 있다는 말을 들은 적이 있다. 그때는 책 출간에 전혀 관심이 없을 때라 전혀 이해되지 않았었다. 이제 책을 출간하고, 출판사를 운영하다 보니 책이 팔리지 않을 때의 스트레스가 얼마나 큰지를 알게 되었다. 저자나 출판사나, 책이 팔리지 않아 창고나 서가에 쌓이면 걱정과 한숨이 가득해진다. 그러므로 독자의 관심을 끌어서 판매에 직결될 수 있도록 제목을 잘 잡아야 한다.

앞에서도 이야기했지만, 책의 판매에 관해서는 출판사가 가장 신경을 많이 쓴다. 내가 두란노출판사에서 책을 출간할 때 출판사에서 제목을 다섯 개 정도 보내주었다. 물론 내가 잡은 제목도 포함되어 있었다. 출판사는 독자가 흥미를 끌 수 있는 제목을 잡기 위해 몸부림친다.

《그리스도인은 소프트아이스크림을 먹는다》라는 제목의 책이 있다. 많은 사람이 제목 때문에 이 책을 읽게 되었다고 말한다. 눈길을 끄는 책 제목이 사람들의 관심을 끈 것이다. 이처럼 책 제목이 중요하다.

독자의 마음에 들어야 좋은 제목이다

책은 반드시 팔려야 한다. 팔리지 않는 책은 책이라 할 수 없다. 책 쓰기를 가르치는 이상민 작가는 책이 팔려야 한다는 이야기를 뼈 있게 말한다.

"그 글을 저자만 읽으면 일기장일 뿐이다. 그 글을 남들이 읽을 때 책이 된다."

이 말을 듣는 순간, 책 쓰기는 물론 책 제목 잡기에 관해 다시 한번 깊이 생각하게 되었다. 책이 팔리지 않으면 자기 혼자 보는 일기장일 뿐이다. 하지만 많이 팔리면 베스트셀러 딱지가 붙는 책이 된다. 이 말은 책 쓰는 사람들이 새겨들어야 할 말이다.

책 제목을 잡을 때 기준은 저자가 아니라 독자여야 한다. 책을 읽는 독자가 좋아하는 주제는 바로 '독자' 자신이기 때문이다.

영국이 낳은 세계 최고의 극작가 윌리엄 셰익스피어William Shakespeare는 이런 말을 했다.

"독자는 이편도 저편도 아닌 자기편이다."

독자는 자기편이다. 저자가 기억할 것은, 자신이 원하는 제목이 아니라 독자가 원하는 제목을 잡아야 한다는 것이다. 우선은 독자 한 명을 어떻게 휘어잡을까를 생각하며 제목을 잡아야 한다. 다음으로는 더 많은 독자가 흥미 있어 하는 제목을 잡으려고 고민하고, 또 고민해야 한다.

이상민책쓰기연구소 소장인 이상민은 《보통 사람을 위한 책쓰기》에서 책을 쓸 때의 기준 네 가지를 이야기한다.

첫째, 독자들이 원하는 콘텐츠인가?
둘째, 경쟁 도서를 이길 수 있는 차별화된 콘텐츠인가?
셋째, 독자들에게 도움을 줄 수 있는 콘텐츠인가?
넷째, 개성과 독특함이 있는 콘텐츠인가?

책을 쓸 때 가장 먼저 염두에 두어야 하는 것이 독자다. 그래야 경쟁 도서도 이길 수 있다. 개성과 독특함이 있는 콘텐츠를 독자의 손에 들려 줄 수 있다.

책을 쓸 때, 우선은 독자 타깃을 한 명으로 제한하는 것이 좋다. 만약에 몇천 명을 염두에 두고 쓰면 제목 잡기에 느슨해질 수 있다. 그러므로 한 명의 독자를 염두에 두고, 그의 마음을 사로잡을 수 있는 최고의 제목을 잡아야 한다.

제목은 주제에 적합해야 한다

책 제목을 정할 때 고려할 것이 있는데 바로 주제와의 적합성이다. 주제를 정할 때 몇 가지 고려할 사항이 있다.

첫째, 이 시대의 흐름에 부합되는 주제인가?

둘째, 주제가 저자가 생각한 책 흐름의 적합도에 맞는가?

셋째, 베스트셀러가 될 수 있는 주제인가?

넷째, 저자가 흥미를 갖고 글을 쓸 수 있는 주제인가?

다섯째, 저자가 쓸 수 있는 주제인가?

위의 다섯 가지 기준으로 책의 제목을 잡아야 한다. 내 책이 다른 책들 사이에서 독자들의 관심을 끌 수 있을지의 관건은 제목의 차별성에 달려 있기 때문이다. 책은 제목 싸움이다.

최근에 와서는 제목의 중요성이 더욱 두드러지고 있는 느낌이다. 콘텐츠가 홍수처럼 쏟아지고 있기 때문이다. 유튜브만 봐도 알 수 있다. 유튜브는 1분에 500시간 분량의 영상이 업로드된다. 그 결과 유튜브에 올라오는 하루치 동영상을 모두 보려면 꼬박 82년이 걸린다. 그 많은 동영상 중에서 관심을 끌려면, 제목에서 차별성을 갖지 않으면 안 된다.

책도 전보다 많이 출간되고 있다. 콘텐츠의 홍수 시대에 책의 제목은 더욱 중요하다. 신문 등 보도 자료도 제목과 리드가 차지하는 비중이 크다. 제목과 리드가 보도 자료의 90%라 해도 지나친 말이 아니다. 제목과 기사의 앞부분인 '리드'를 읽을 때쯤 독자는 이미 이 기사를 계속 읽을지, 다른 기사로 옮겨갈지 선택을 마친다.

설교도 제목에 따라 관심도가 결정된다. 제목과 서론에 따라 끝까지 설교를 들을 것인가가 결정된다. 그러므로 설교자는 제목을 잡는데 시간을 많이 투자해야 한다. 마찬가지로 책을 쓸 때, 제목 잡기에 많은 시간을 투자해야 한다.

책을 쓰는 과정에서, 제목을 정할 때, 에이브러햄 링컨Abraham Lincoln이 한 말을 마음속에 새길 필요가 있다.

"내게 나무를 벨 시간이 여덟 시간 주어진다면, 그중 여섯 시간은 도끼를 가는 데 쓰겠다."

링컨의 말은 책의 제목에 어느 정도 시간을 투자해야 하는지를 말해 준다.

'5초의 법칙'이 적용되게 제목을 잡아라

책 제목을 잡을 때, 5초 안에 책을 사겠다는 결단이 서도록 잡아야 한다. 이는 독자가 책의 구매를 결정할 때 '5초의 법칙'이 통용되기 때문이다. 만약 5초가 지났는데도 망설인다면, 책은 독자의 손으로 들어가지 않는다.

오늘 지인이 내 책 열 권을 사주었다. 그 이유는 '제목이 좋아서'라고 했다. 그 책 제목은 《설교자, 왜 인문학을 공부해야 하는가?》이다. 지인이 열 권을 산 것은 이번이 처음이었다. 전에는 그저 한 권 전후로 샀을 뿐이다. 하지만 설교자의 인문학 공부가 당연하다는 생각이 들어, 주변 사람들에게도 한 권씩 선물하기 위해 열 권을 샀다는 것이다.

이는 5초의 법칙이 적용된 예이다. 책 제목은 독자의 손에 들려질 수 있도록 상큼하고, 마음이 훈훈해지며, 명쾌해야 한다.

매력적인 제목, 이렇게 만들어라

제목 잡기에 대한 노하우를 알아두면 좋다. 블로그 〈엔터스코리아〉의 '책 쓰기, 매력적인 제목 짓기'에는 독자들의 사랑을 받는 베스트셀러들의 제목 두 가지 유형이 나온다.

하나는 명사형의 제목이다. 무라카미 하루키의 《기사단장 죽이기》, 이기주의 《언어의 온도》, 조남주의 《82년생 김지영》 등이 여기에 속한다.

또 다른 하나는 문장형의 제목이다. 김범준의 《모든 관계는 말투에서 시작된다》, 김민식의 《영어책 한 권 외워봤니?》, 나이토 요시히토의 《말투 하나 바꿨을 뿐인데》 등이 그것이다.

이 블로그에서는 자기가 쓰고자 하는 분야 베스트셀러들의 제목을 살펴보면서, 자신의 콘셉트에 맞는 제목의 힌트를 얻으라고 말한다.

또한 제목을 정할 때 눈길을 끄는 단어를 사용하라고 한다. 서점에 전시된 수많은 책 사이에서 내 책의 제목이 눈에 띄려면, 눈길을 끄는 단어를 사용해야 한다는 것이다. '기적', '놀라운', '혁신적인', '쉬운' 등의 단어가 포함된 책 제목이 많은 것도 바로 이 때문이라고 한다.

양원근 <엔터스코리아> 대표는 《책 쓰기가 이렇게 쉬울 줄이야》에서 대박 제목을 만드는 6가지 법칙을 이야기한다.

첫째, 독자에게 무엇이 이익인지 확실하게 알려주어야 한다.

둘째, '지금이 기회'임을 강조하고 '중요한 일'임을 인식시켜야 한다.

셋째, 내용이 궁금해서 참을 수 없게 만들거나 '왜?'라는 의문이 들게 해야 한다.

넷째, '설마 그게 가능해?'라는 흥미를 유발해야 한다.

다섯째, '왜 읽어야 하는가?' 읽어야 하는 이유를 확실하게 알려야 한다.

여섯째, 독자의 마음을 위로하고 대변해주는 표현을 사용해야 한다.

책 제목, 쉽지 않다. 독자들의 눈에 띄게 하는 것은 무척 어려운 일이다. 그럴지라도 어려움을 극복하는 것이 책을 쓰는 저자나 출판사가 할 일이다. 그래야 독자들에게 환영받는다.

3. 목차 잡기에 승부를 걸어라

  책의 제목을 만들었다면 이제 목차를 만들어야 한다. 목차는 제목을 만들 때처럼 최선을 다해야 한다. 나의 책은 독자들에게 목차가 좋다는 말을 종종 듣는다. 그 이유는 목차에 시간을 많이 투자하기 때문이라고 생각한다.

목차가 80%다

  독자의 손에 들리는 책이 되려면 제목, 표지, 목차가 중요하다. 김도사 김태광와 권마담은 《김대리는 어떻게 1개월 만에 작가가 됐을까》에서 "책 쓰기는 목차가 전부다"라고 말한다.

  나도 목차를 중요시한다. 나는 책의 제목을 본 뒤나는 표지 디자인은 별 신경을 쓰지 않는다 반드시 목차를 본다. 목차가 나의 책 구매를 결정하는데 결정적 영향을 미친다. 목차가 좋으면 서론과 결론까지 읽는다. 그러면 100%

책을 사게 된다.

내가 목차를 중요시하는 이유는 목차가 집의 기둥과 같기 때문이다. 그래서 목차만 보면 어떤 책인지 단박에 알 수 있다. 나는 목차에서 승부수를 띄워야 한다고 확신한다. 책을 처음 쓰는 사람은 목차를 몇 개 잡아야 하는지부터 묻는다. 그러나 목차의 개수보다 목차를 산뜻하게 잡는 것이 더 중요하다.

목차는 보통 40여 개 전후가 적당하다. 그런데 책을 처음 쓰는 사람에게 목차를 40여 개 잡으라고 하면 당황해한다. 생각보다 너무 많기 때문이다. 실제로 40여 개나 되는 목차를 잡기는 쉬운 일이 아니다.

같은 책에 이런 말이 나온다.

"목차 만들기 너무 힘들어요. 3주째 목차만 잡고 낑낑대고 있어요!"

이 말은 목차 잡기가 얼마나 힘든지를 보여준다. 그러나 아무리 힘들어도 목차를 잘 잡기 위한 수고를 아끼지 않아야 한다. 다른 책과 차별화될 뿐만 아니라, 세련되고 정교한 목차를 만들어야 한다.

유명 출판사는 한 달이면 원고가 1,000여 개 들어온다고 한다. 그중에서 채택되어 책으로 출간되는 원고는 극소수이다. 그 원고들이 채택되는 이유는 제목이 좋고, 소제목인 목차가 좋기 때문이다.

나도 책 출간 의뢰를 받으면 목차를 정하는 데 많은 힘을 쏟는다. 목차만 봐도 그 책이 어떤 책인지, 책에 어느 정도 정성을 쏟았는지가 나타나기 때문이다.

나는 최근에 책을 출간하면서 출판사에서 이런 말을 들었다.

"책의 제목을 잘 잡으시는데, 그중에서도 목차가 좋습니다."

내가 목차를 잘 잡는 비결이 있다면, 목차에 가장 많이 신경을 쓰기 때문이다.

책을 출간하려고 출판사를 방문했을 때, 목차에 관해 이런 말을 들었다.

"책은 목차가 80%를 차지하니, 목차를 잘 잡아야 합니다."

그때 목차가 중요한 것을 처음 알았다. 최근에도 책 한 권을 쓰기 위해 목차를 잡았다. 그 목차를 고치고, 또 고치며 갈고 닦았다. 이처럼 목차가 아주 중요하다. 목차가 책에서 차지하는 비중이 80%라면 목차 만들기에 총력을 기울일 충분한 이유가 된다.

책 제목이 독자의 선택에 결정타를 날리는 것이라면, 목차는 출판사가 책 출간을 결정하도록 만드는 승부구가 될 수 있다. 목차가 책 출판의 80%를 차지한다는 말은 책을 쓰고자 하는 예비 작가들이 반드시 새겨들어야 할 말이다.

목차 잡기가 저자의 실력이다

글 쓰는 것은 누구나 할 수 있다. 목차 잡는 것도 누구나 할 수 있다. 그러나 독자를 사로잡는 목차는 누구나 쓸 수 있는 것이 아니다. 더 나아가 출판사 담당자의 마음을 사로잡는 목차를 쓰는 것은 대단히 어려운 일이다. 원고를 투고해서 출판사 관계자의 마음을 사로잡으려면 목차 잡기에 남다른 실력과 안목을 갖춰야 한다.

목차를 잘 잡으려면 매일 매일 자신을 제대로 채워가야 한다. 만약 자신을 제대로 채우지 못하면 책 쓰기가 고역이 될 수 있다.

1800년대 영국의 사회비평가인 존 러스킨John Ruskin이 이런 말을 했다.

"인생은 흘러가는 것이 아니라 채워지는 것이다. 어느 날, 하루하루를 보내는 것이 아니라, 내가 가진 무엇으로 채워가는 것이다."

인생을 채우기 위해서는 하루하루를 채워야 한다. 인생을 채우듯 목차를 채워야 한다. 목차를 채우려면 하루하루를 고민하는 날들로 채워야 한다. 하루하루를 채워가다 보면 목차 잡기의 실력자가 되어 있는 자신을 발견하게 될 것이다.

《하루 1시간 책 쓰기》의 저자 이혁백은 책을 쓰고 싶지만, 필력이 없다는 이유로 엄두를 내지 못하는 사람에게 이렇게 이야기한다.

"작가는 글솜씨가 좋아서 책을 쓰는 것이 아니라, 책 쓰기를 통해 글솜씨를 키우고, 필력도 자연스럽게 향상됩니다. 담백한 문장력, 문법 등의 실력을 갖추기 위해 들이는 시간에 누군가는 벌써 책을 몇 권 써서 운명을 바꾸고 있을 테니까요."

목차 만들기도 글쓰기와 같은 이치다. 목차를 하루하루 고민 가운데 채워가다 보면 어느새 남과 차별화된 목차를 잡은 자신을 발견하게 될 것이다.

목차 잡을 때 세 가지를 신경 써라

목차를 통해 독자와의 소통이 시작된다. 그러므로 목차 잡기에 최선을 다해야 한다. 목차에는 아래의 세 가지가 담겨야 한다.

첫째, 내 콘텐츠가 담겨야 한다.

내 책의 목차에는 책의 콘텐츠가 총정리되어 담겨 있어야 한다.

둘째, 경쟁 도서와 차별화되어야 한다.

저자는 자신의 책의 메시지와 장단점을 분명히 알아야 한다. 그럴 때 경쟁 도서의 장단점을 파악할 수 있다. 책 쓰기는 경쟁 도서와 경쟁 관계이기 때문이다.

셋째, 당시의 트렌드가 반영되어야 한다.

책은 책을 쓸 당시의 문화와 트렌드가 적극적으로 반영돼 있어야 한다. 당시의 트렌드와 관련이 깊지 않으면 독자의 관심을 받기 어렵다. 문화와 트렌드가 반영될 때 독자가 공감과 지지를 표한다.

결국 책의 목차는 자기의 생각으로부터 나와야 한다. 경쟁 도서를 분석해 경쟁 도서보다 낫게 써야 한다. 그리고 당시의 트렌드를 담아, 타깃으로 한 독자에게 적확하게 어필할 수 있어야 한다.

위의 세 가지를 염두에 두고 목차를 잡되, 한 번에 잡기보다는 여러 번에 걸쳐 잡아야 한다. 목차는 책의 콘셉트가 정해지면 잡기 시작해야 한다. 그리고 최대한 많이 고치고, 또 고쳐야 한다.

나는 콘셉트를 잡으면 목차부터 잡는다. 목차는 책을 쓰는 분량의 3분의 1을 더 잡는다. 곧 60개 이상을 잡는다. 글을 쓰다가 콘셉트와 잘 맞지 않는 것을 빼버려야 하기 때문이다. 그리고 나는 책을 쓰기 전부터 목차 모음집을 만든다.

책을 쓸 때는 목차 잡기에 집중해야 한다. 설교자가 설교 제목 잡기에 집중하는 것과 같다. 〈아트설교연구원〉에서는 설교를 작성할 때 '제목 잡기'에 많은 힘을 쏟게 한다. 그 이유는 제목에 따라 설교 방향이 결정됨은 물론, 좋은 제목이 좋은 설교를 만들어내는 시작점이기 때문이다.

제목을 잘 잡기 위해 회원들에게 좋은 문장이나 좋은 제목을 메모하게 한다. 이같이 유도하는 것은 제목이 겹치는 것을 방지하기 위함이다. 제목이 겹치면 청중의 관심도가 뚝 떨어진다. 이것은 책의 목차에서도 마찬가지다. 목차에 새로움과 낯섦이 없으면 독자에게 관심을 받지 못하는 책이 될 확률이 높다.

목차가 책의 80%를 차지한다. 그러므로 목차에 자신의 역량을 쏟아부어야 한다. 목차를 잡을 때 두 가지의 방법이 있다. 하나는, 평소에 책을 읽다가 좋은 목차가 나오면 메모해 두는 것이다. 다른 하나는, 베스트셀러나 스테디셀러의 제목을 참고하는 것이다. 목차 잡기에 최선을 다하되, 모방을 통해 창조를 만들어야 한다.

김도인 목사가 출간한 책의 목차는 이렇다

나의 책은 처음보다 목차가 많이 바뀐 상태로 출간된다. 출간 의뢰 전에도 목차가 많이 바뀌지만, 출판사에서 책을 출간하는 과정에서도 많이 바뀐다. 목차가 많이 바뀔수록 좋은 책이 될 확률이 높다.

나의 책 4권의 목차를 공개한다. 세 권의 책은 일부분만 공개하고, 한 권의 책은 전부를 공개한다.

첫째,《설교는 인문학이다》의 목차이다.

Chapter 6. 사람아, 넌 누구냐?

1. 설교자의 영원한 숙제, 청중!

2. 내 마음도 모르는데, 어떻게 남의 마음을 알 수 있나?

3. 등장인물의 마음 읽기, 어떻게 해야 하는가?

4. '사람 마음'이 아니라, '하나님의 마음'이라니까!

5. 예수는 '사건'이 아니라 '사람'에게 집중하셨다

둘째,《설교는 글쓰기다》의 목차이다.

Chapter 1. 설교는 들려야 한다

1. '논리'가 들린다

2. '공감'이 들린다

3. '단문'이 들린다

4. '이미지 글'이 들린다

5. '청중의 관점'이 설교를 들리게 한다

6. '예수님의 비유법'이 들림의 최고봉이다

셋째,《이기는 독서》의 목차이다.

4부. 독서가 인생을 바꾼다

    1. 독서가 '행복한 삶'으로 이끈다

    2. 독서는 인생을 역전시킨다

    3. '자존심 인생'이 '자존감 인생'으로 바뀐다

    4. 100세 시대에 오답을 정답으로 바꾸어준다

넷째, 《나만의 설교를 만드는 글쓰기 특강 - 목회자는 설교로 기억된다》의 목차이다.

    프롤로그

    I. 설교 글쓰기의 7단계

      1단계_질문에 답하라

      2단계_한 단어의 특징을 살리라

      3단계_두 단어의 차이점을 드러내라

      4단계_낯설게 쓰라

      5단계_반전의 묘미를 주라

      6단계_개념으로 쓰라

      7단계_2단계로 쓰라

    II. 성경 저자들의 글쓰기

      1. 성경 저자들은 저자이다

      2. 모세오경의 저자, 모세

      3. 시와 지혜서, 아름다운 노랫말의 저자, 다윗과 솔로몬

      4. 서신서의 저자, 바울

할 수만 있다면 목차는 쉽고 명쾌해야 한다. 어렵고 복잡하면 책에 대한 흥미가 급감한다. 유튜브 전성시대가 되면서 책이 점점 쉽게 쓰여야 하는 시대가 되었다. 그렇다면 목차가 쉽고 명쾌해야 하는 것이 당연하다.

좋은 목차는 독자가 매력을 느낀다

목차가 독자의 관심을 끌게 하려면 독자의 마음을 파고들어야 한다. 독자의 마음을 파고들 수 있으려면, 독자가 의외라고 생각되는 목차여야 한다. 독자는 작가의 생각이 자신과 차별화될 때 관심을 보이는 특성이 있기 때문이다.

문제는 독자의 마음을 파고드는 목차를 만들기가 어렵다는 것이다. 이를 위해서는 자신만의 노하우가 있어야 한다. 그리고 독자의 마음을 파고드는 목차를 만들기 위해 남다른 열정을 지녀야 한다.

크리에이티브 김병완은 목차에 대해 이렇게 말한다.

"목차는 필력이나 문장력, 심지어 콘텐츠보다도 더 중요하다."

목차가 이토록 중요한 것이라면, 목차를 설렁설렁 만들어서는 안 된다. 자신이 할 수 있는 모든 것을 쏟아부어서 목차를 잡아야 한다.

목차를 잡을 때, 목차의 구성도 중요하다. 김병완은 《7주 만에 작가 되기》에서 목차 구성에서 중요한 것을 아래와 같이 말한다.

첫째, 저자 중심에서 독자 중심으로 변경해야 한다.
둘째, 논리적이고 이성적인, 똑 부러지는 목차보다는 감성을 자극하는, 인간적인 목차가 더 낫다.
셋째, 단어 선택을 잘해야 한다. 강력한 힘을 가지고 있는 기적의 단어들이 있다.

넷째, 심리학을 이용해서 인간의 심리를 잘 활용하라.

다섯째, 가장 중요하고 기본이 되는 사항은 S3다.

"간결하게Simple, 짧게Short, 명확하게Sharp"

위의 말처럼, 목차를 잡을 때 구성에서 중요한 것이 많으므로, 이것들을 소화해 자신만의 독창적인 것을 만들 수 있는 자질을 갖춰야 한다.

위의 다섯 가지 구성 요소대로 목차를 잡는 것은 만만치 않은 일이다. 넘을 수 없는 벽처럼 느껴질 수 있다. 그렇다고 좌절감까지 가질 필요는 없다. 그럴수록 심기일전해서 좌절감을 극복하고, 남다른 목차를 잡기 위해 더 노력해야 한다.

목차를 잡을 때, 한 가지만 명심해야 한다.

"목차는 독자의 눈에 띄게 잡아야 한다."

그 이유는, 이 책이 어떤 책인지를 선명하게 말해주는 것이 목차이기 때문이다. 그러므로 목차를 잡되, 쉽고 명쾌하게 잡아야 한다. 더 나아가 독자의 손에 잡힐 수 있도록, 즉 팔릴 수 있도록 목차를 잡아야 한다.

4. 표지, 첫인상을 좌우한다

표지 디자인, 영원한 숙제다

책을 출간할 때 가장 스트레스를 많이 받는 것이 표지 디자인이다. 만들어진 표지 디자인에 대한 사람들의 생각이 가지각색이기 때문이다.

먼저 가족들부터 표지 디자인에 대한 견해가 다르다. 내가 만족하면 전공이 미술인 아내와, 아들이 불만족스러워한다. 나와 아내가 좋다고 하면 아들이 마음에 들지 않는다고 한다. 가족뿐만 아니라 〈아트설교연구원〉의 회원, 친구, 페북 친구들 사이에서도 만족과 불만족이 엇갈린다.

표지 디자인의 만족도를 높이는 방법이 있다. 재정을 많이 투자하면 된다. 다소 비용이 부담되더라도 실력 있는 디자이너에게 표지 디자인을 맡기면 만족도가 높아질 수 있다. 결국 재정 상태에 따라 표지 디자인은 달라질 수 있다.

나에게는 표지 디자인을 결정하는 방법이 있다. 출판사로부터 몇 개의 시안을 받으면 보통 4개 정도 받는다, 받은 표지 디자인을 페이스북에 올려 〈아트설교연구원〉의 회원들과 페이스북 친구들에게 투표를 부탁한다. 그중 가장 많은 표를 받은 것을 표지 디자인으로 결정한다.

표지 디자인은 사람마다 선호도가 다르므로 책을 출간할 때마다 영원한 숙제다. 가장 중요한 것은 디자이너를 잘 만나는 것이다. 그다음으로는 책을 읽게 될 독자들의 연령대와 여러 가지 상황들을 고려해야 한다.

지금까지 내 책의 독자는 주로 설교자들이다. 결국 남자들이 주 독자층을 형성하고 있다. 알라딘에서 나의 책,《설교자, 왜 인문학을 공부해야 하는가?》의 구매자를 분석한 것을 보면 40대 남자가 44.4%, 50대 남자가 22.2%, 60대 남자가 14.8%이다. 그렇다면 내 책의 표지 디자인은 40대, 50대, 60대의 남자에게 맞춰야 한다.

문제는 가장 중요한 독자층인 40대 남자들도 내 책의 표지 디자인에 관한 생각이 제각각이라는 것이다. 그러므로 이 일은 영원한 숙제라고 생각하고 매번 제일 나은 선택을 추구하는 수밖에 없다. 그래서 표지 디자인은 하나님의 은혜를 구하며 결정해야 한다.

표지 하나 바꾸었을 뿐인데…

표지만 바꾸어도 독자들의 반응이 크게 달라지는 것을 경험한 적이 있다. 내 책 중에서 개정 증보한 책이 있는데, 바로《설교는 글쓰기다》이다. 이 책의 초판은 출판사에서 해주는 대로 표지 디자인을 결정했다. 이 책의 초판 표지 디자인을 보았을 때 나는 물론이고, 아내, 아들, 그리고

〈아트설교연구원〉 회원들도 크게 실망했다. 하지만 출판사에서 그 표지로 가자고 하니 어쩔 도리가 없었다.

개정판을 출간할 때는 표지 디자인을 디자인 전문회사에 의뢰하는 것으로 출판사와 계약했다. 그 뒤 디자인 전문회사에서 만든 표지는 나의 마음을 흡족하게 했다. 나뿐 아니라 가족들도 표지를 만족해했다. 〈아트설교연구원〉 회원들도 앞으로 표지를 이런 식으로 만들면 좋겠다고 말했다. 개정판의 표지가 산뜻해지자 책에 대한 독자들의 반응도 뜨거웠다. 내가 예상한 것보다 훨씬 더 많이 판매되었다.

표지 디자인을 잘해야 하는 이유는 독자들의 눈에 가장 먼저 띄는 것이 다름 아닌 표지이기 때문이다. 나는 미적 감각이 없는 사람인데도 표지가 뛰어난 책에 한 번 더 눈길이 간다. 그러므로 책 표지의 디자인은 전문가에게 맡기는 것이 제일 좋다.

표지가 책의 전부다

"이전에 출간된 경쟁 도서보다 눈에 띄게 좋아야 한다."

표지에 대해 전문가들이 하는 말이다. 이 말은 그만큼 표지 디자인이 중요하다는 뜻이다.

영상의 시대요, 디자인의 시대다. 그렇다면 사람들이 책에서 가장 관심을 두는 것은 디자인이라고 할 수 있다. 세계적 미래학자인 다니엘 핑크Daniel H. Pink는 《새로운 미래가 온다》에서 새로운 시대에 필요한 6가지 조건을 이야기한다. 디자인design, 스토리story, 조화symphony, 공감empathy,

놀이play, 의미meaning가 그것이다. 그 중 첫 번째로 꼽은 것이 디자인이다.

왜 표지 디자인이 중요한가? 사람의 마음을 형상화하는 것이 디자인이기 때문이다. 그리고 디자인이 사람의 마음을 사로잡기 때문이다. 그러므로 표지 디자인을 할 수 있는 한 최고로 만들어야 한다.

사람마다 책을 사는 기준이 다르다. 나는 디자인을 무시하는 것은 아니지만, 책을 살 때 표지 디자인보다는 내용 즉 콘텐츠를 더 우선시한다. 그렇다고 디자인을 전혀 보지 않는 것은 아니다. 콘텐츠 다음에 디자인을 본다. 하지만 사람들은 콘텐츠보다는 디자인을 먼저 본다는 것을 책을 몇 권 출간하고 나서야 깨달았다.

책은 표지 디자인에 좌우된다고 한다. 이는 "보기 좋은 떡이 먹기도 좋다"라는 옛말이 하나도 틀리지 않음을 보여준다. 그러므로 표지 디자인이 책의 전부라는 생각으로 임해야 한다.

이왕이면 눈에 잘 띄는 색으로

"파스텔톤'이 좋다!"

표지 디자인을 할 때 주위에서 해준 말이다. 나는 어떤 색이 좋은지 잘 모른다. 사람들은 나에게 색감이 없다고 말하기도 한다. 그렇지만 나도 표지 디자인에 대해서 한 가지 고려하는 것은 있다. 이왕이면 눈에 잘 띄는 색이 좋으리라는 생각이다. 그 이유는 사람들이 책을 오프라인보다는 온라인에서 구매하기 때문이다.

나는 독서를 시작한 이후 13년째 서점을 다니고 있다. 그런데 코로나19가 발생한 뒤로는 온라인 구매가 대세가 된 것을 느낀다. 예전보다 오프라인 서점에 사람들이 확 줄었기 때문이다. 나도 지금은 온라인으로 책을 구매하는 비율이 90%가 넘는다.

나는 온라인 서점 중에서도 알라딘을 주로 이용한다. 그 이유 중 하나는 표지 디자인을 선명하고 크게 보여주기 때문이다. 온라인 시대에는 책 구매도 온라인에서 주로 이루어지기 때문에, 표지 디자인이 온라인상에서 눈에 잘 띄어야 한다.

온라인 서점에서 눈에 잘 띄는 색은 노란색 계열이다. 그래서 《독서광에서 독서광으로》의 표지 디자인을 노란색으로 정했다.

첫인상이 결정한다

심리학 용어 중에 '초두효과'라는 것이 있다. '먼저 제시된 정보가 추후 알게 된 정보보다 더 강력한 영향을 미치는 현상'을 말한다. 다른 말로 '첫인상 효과'라고도 한다.

미국의 뇌 과학자 폴 왈렌Paul J. Whalen의 연구에 의하면, 우리는 뇌의 편도체amygdala를 통해 0.1초도 안 되는 극히 짧은 순간에 상대방에 대한 호감도와 신뢰도를 평가한다고 한다. 3초 만에 상대에 대한 스캔이 완료된다고 해서 '3초 법칙'이라고도 하고, 처음 이미지가 단단히 굳어 버린다는 의미로 '콘크리트 법칙'이라고도 한다.

사람들이 처음 만났을 때, 특히 연인관계나 실무 면접에서는 첫인상이 결정적인 역할을 한다. 문제는 일단 첫인상이 결정되고 나면 한 번 각인된 첫인상은 약 40시간 이상, 또는 60번 이상의 만남을 가질 때에 비로소 바뀔 수 있다는 것이다.

그럼 첫인상을 결정짓는 요소는 무엇일까?

'외모', '목소리', '어휘' 순이다.

사람만 첫인상이 중요한 것이 아니라 책도 첫인상이 중요하다. 사람 관계에서 첫인상이 3~8초 걸리듯이, 책도 독자의 선택을 좌우하는 시간은 겨우 30초밖에 안 된다. 이 30초 안에 독자의 손에 잡힐지 말지 진검승부를 펼쳐야 한다. 진검승부를 결정짓는 것이 표지 디자인이다.

표지가 책의 이미지다

이미지가 중요한 시대다. 유튜브 전성시대에 동영상의 화질 등 이미지 때문에 좋은 장비를 갖추라고들 한다. 젊은 사람들은 영상의 질이 떨어지면 시청을 거절할 확률이 높기 때문이다.

친구가 나의 외적인 이미지와 패션에 관한 이야기를 해주었다. 지인은 책 표지에 있는 사진도 이야기한다. 친구는 내가 강의를 하므로 옷을 잘 입으라고 한다. 옷을 입을 때 배색과 대비를 생각해서 입으라고 한다. 심지어는 옷을 잘 입는 사람들 사진을 보여주면서, 모방해서라도 옷을 잘 입기를 내내 강조했다.

이런 이야기가 나오게 된 배경이 있다. 최근에 내가 보기 흉했던 얼굴의 점들을 빼고 나니 전보다 훨씬 말끔해졌다. 인상이 말끔해졌으니 이젠 패션을 통해 이미지를 좋게 만들라는 조언이었다.

마찬가지로 책의 표지 디자인도 좋게 보이도록 만들어야 한다. 책 표지가 책의 이미지이기 때문이다. 내가 디자인에 문외한이다 보니 책 표지 디자인에 관한 글을 쓰면서 다른 사람들의 블로그와 유튜브를 뒤져

보았다.

그중 한 블로그에서 "책 표지의 중요성에 대하여"라는 글을 발견했다. 글쓴이는 '빨강머리앤이좋아'다. 그가 쓴 글을 읽고 표지의 중요성을 다시 한번 생각해보려 한다.

"막상 책을 주문하고 받아보니 처음 드는 생각이 '책 표지가 너무 구리네~'였다. 이 책이 담고 있는 내용에 대해 사전 지식이 있었기에 기꺼이 이 책의 표지를 열었지, 만약 직접 책을 고르려고 서점에 갔다면 '절대' 손에 집어들지 않았을 법한 표지 디자인이다. 이런 생각을 한 사람이 비단 나 혼자만은 아니었으리라. 독자들의 심리를 눈치챘는지 최근에 나온 개정판은 표지 디자인이 살짝 바뀌었다. 그러나⋯ 역시 구리다. 이 출판사의 한계일까? 표지 디자이너가 김경일 교수의 안티팬인 걸까 싶을 정도로 대놓고 대학 전공 서적 표지 같은 느낌을 지울 수가 없다. 개정 증보판이 나올 때는 돈을 좀 더 주고라도 비싼 표지 디자이너를 고용하기를⋯"

표지 디자인에 대한 독자의 생각이라고 하니 아찔했다. 그렇게 디테일하게 본다고 생각하지 않았기 때문이다. 책 출간을 거듭하면서 블로거의 말이 피부에 와닿는다. 그만큼 책의 표지 디자인이 중요하다는 말이다. 표지 디자인의 중요성을 절감하면서 이젠 나름대로 표지 디자인에 목을 매고 있다.

중국의 장자莊子가 이런 말을 했다.

"발자국은 신발이 될 수 없다."

이 말은 뒤따라가는 사람은 앞서간 사람을 앞설 수 없다는 말이다. 마찬가지로, 책 표지가 책의 이미지를 결정한다면, 남보다 앞선 표지 디자인으로 승부해야 한다. 그래야 책 표지 디자인에 대한 나의 신발 자국을 남길 수 있다.

표지 디자인을 만들 때 다른 사람의 표지를 흉내 내면 안 된다. 다른 사람의 표지를 흉내 내지 말고, 나만의 독창적인 표지 디자인으로 다른 사람이 흉내 내게 해야 한다. 다른 사람이 내 발자국을 따라오도록 표지 디자인하는 것을 목표로 삼아야 한다.

5. 책 출간은 타이밍이다

ㄱ ㄴ ㄷ ㄹ ㅁ ㅂ ㅅ ㅇ ㅈ ㅊ ㅋ ㅌ ㅍ ㅎ

인생 자체가 베스트셀러다

"우리 인생 자체가 베스트셀러다."

그리스도인은 하나님의 자녀이므로, 인생 자체가 명품 인생이다. 그러므로 전도를 할 때도 명품 인생답게 해야 한다. 명품 인생다운 전도 방법이 책을 통한 전도법이다.

안타깝게도 목회자 중에 책을 통해 전도할 수 있는 작가가 많지 않다. 특히 세상에서 주목하는 작가가 기독교에는 거의 없다. 하지만 불교에는 꽤 있다. 성철, 법정, 법륜, 혜민 스님으로 계보가 이어지고 있다. 하지만 불교보다 성직자가 두 배 이상 많은 기독교에는 책으로 세상과 소통할 수 있는 계보가 없다.

인생 자체가 베스트셀러라면, 베스트셀러 인생이 되는 책 쓰기에 도전해야 한다. 그리고 세상에서도 관심을 가질 만한 작가가 되어야 한다. 그래야 기독교가 세상에서도 인정하는 명품 종교가 된다.

코로나19가 한창 진행 중인 이때가 그리스도인들이 책을 쓸 기회이다. 책을 통해 기독교가 명품 종교가 되게 할 최적의 기회가 바로 지금이다.

인생도 타이밍, 책도 타이밍이다

어느 책 쓰기 강좌에 갔더니 강사가 한 여성을 지목하면서 이런 말을 했다.

"이분은 타이밍이 시대와 맞아떨어져서, 대형 출판사에서 출간 계약서를 썼습니다."

눈이 번쩍 뜨이는 말이었다. 타이밍이 중요하다는 것을 그때 처음 알았다. 전에는 그저 책만 쓰면 된다고 생각했었다.

DECORUM 연구소 소장인 이재영 목사의 《희망도 습관이다》는 출간되자마자 뜨거운 반응을 보였다. 당시 온 나라가 보수와 진보로 첨예하게 대립하고 있을 때였다. 진보는 서초동 검찰청사 앞에서, 보수는 광화문 광장에서 100만 명이 모였느니, 200만 명이 모였느니 하면서 세력자랑을 하고 있었다. 극심한 갈등과 분열 속에서 사람들은 희망을 찾기 어려웠다. 이럴 때 '희망'을 말하니 사람들이 관심을 보였다.

인생에 타이밍이 중요하듯이 책도 타이밍이 중요하다. 지금 세상이 어디로 가고 있는지를 아는 것이 책 쓰기의 중요한 고려사항이다.

내가 책을 읽기 시작한 이유 중 하나가 시대의 흐름을 읽기 위해서였다. 당시에 나는 시대의 흐름에 문외한이라고 생각했었다. 그 생각은 지금도 크게 다르지 않다. 세상 리더들과 대화를 해보면 나는 세상에서 뒤처져도 한참 뒤처져 있음을 깨닫는다.

나의 문제는 신앙과 신학의 부재가 아니라 세상 흐름에 대한 무지였다. 독서를 하면서 설교자가 시대의 흐름을 아는 것이 얼마나 중요한지를 절감하게 되었다.

설교는 적용이 중요하다. 그 적용은 시대와 관련이 있다. 시대와 관련된 설교를 하려면 시대의 흐름을 읽을 수 있어야 한다. 마찬가지로 책을 쓰려면 시대의 흐름을 알아야 한다.

시대보다 반 발짝만 앞서라

"반 발짝만 앞서가라!"

사람들이 자주 하는 말이다. 이 말이 처음에는 이해가 되지 않았다. '몇 발 더 앞서가면 좋은 것이 아닌가?'라고 생각했다.

오래 전에 미국에서 막 공부하고 온 지인이 자기가 공부한 학문을 접목한 사업을 시작했다. 그 아이템은 몇십 년이 지난 지금도 아직 상용화되지 못했다. 당시에는 획기적인 아이템이라 대성공을 예상하고 사업을 시작했지만, 결과는 참패였다. 너무 많이 앞서가니 사람들로부터 외면을 받았다.

책도 마찬가지다. 책은 다른 사람보다 '반 발'만 앞서가야 한다. 반 발만 앞설 때 독자들이 창의적이라고 관심을 보인다. 너무 앞서가면 독자들이 외면한다. 이름을 떨치는 목회자, 저자들의 공통점은 시대보다 반 발짝 앞서 있다는 것이다.

목회자들이 신학 분야의 책을 읽을 때 나는 인문학책을 읽었다. 인문학책을 읽어야겠다고 해서 읽은 것이 아니다. 서점에 가서 책을 읽다 보니 인문학책이 신학책보다 훨씬 눈에 많이 띄었기 때문이다. 전적으로 하나님의 은혜라고 생각한다.

인문학책을 읽는다고 하니 주위 목회자들의 시선이 좋지 않았다. 심한 말을 듣는 것도 예사였다. 그렇지만 인문학책을 읽는 것이 좋아서 계속 읽었다. 인문학책을 읽다 보니 글쓰기까지 터득하게 되었다. 그러다 보니 '반 발'을 앞서가게 되었다.

그 결과 쓰게 된《설교는 글쓰기다》와《설교는 인문학이다》는 설교를 인문학으로 정의한 첫 책이 되었다. 그리고 지금에 와서는 교회 안에서 인문학이 관심을 받기 시작하고 있다. 이런 반응을 불러일으키게 된 것은 다른 사람보다 반 발짝 앞서갔기 때문이다.

마르틴 루터Martin Luther가 종교개혁을 완성할 수 있었던 것은 글을 쓰고, 책을 출간했기 때문이다. 루터가 반 발짝 앞서 나아가니, 뒤따른 인쇄술의 발달로 종교개혁이 이루어질 수 있었다.

반 발짝 앞서려면 어떻게?

다른 사람보다 반 발짝 앞서려면 어떻게 해야 하는가?

끊임없이 자신을 변화시켜야 한다. 다른 말로 하면, 자신의 성장이 멈추지 않아야 한다. 성장이 이루어져야 반 발 앞설 수 있는 안목을 갖출 수 있다.

미국의 대통령이었던 버락 오바마Barack Obama가 이런 말을 했다.

"다른 사람이 가져다주는 더 좋은 시기를 기다리기만 한다면 결코 변화는 오지 않을 것이다. 나 자신이 바로 내가 기다리던 사람이다. 나 자신이 바로 내가 찾는 변화이다."

변화를 원한다면 자신이 변화를 주도해야 한다는 것이다. 자신이 변화해야 반 발짝 앞서갈 수 있다는 말이다. 결국 반 발짝 앞서가는 것의 답은 밖에 있지 않고 자신에게 있다. 시대의 타이밍을 맞추는 것도 다른 사람이 아닌 자기 스스로 해야 한다. 그러므로 늘 깨어 있어야 한다. 계속해서 성장하고 변화하는 삶을 살아야 반 발짝 앞서 갈 수 있다.

출간 타이밍을 포착하라

'출간 타이밍!'

저자라면 누구나 출간 타이밍을 찾으려 할 것이다. 하지만 출간 타이밍을 맞추기는 쉽지 않다.

우리가 기도에 관해 말할 때마다 빼놓지 않고 하는 말이 있다.

"하나님의 때에 응답하신다."

기도 응답도 타이밍이 중요하다. 그렇다면 책 출간에 타이밍이 중요한 것은 말할 것도 없다.

이 타이밍을 맞추기 위해 해야 할 일이 바로 '시장 조사'이다. 어느 시기에, 어떤 책이 사람들의 관심을 끄는지를 알고 출간을 준비해야 한다.

신학기 때는 독서, 정리, 스케줄에 관한 책이 관심을 끈다. 2월이 되면 사순절에 관한 책을 찾는 사람들이 많아진다. 10월이 되면 성탄절에 관한 책이 인기를 끈다. 연말에는 성경 읽기와 묵상에 관한 책이 많이 팔린다.

세상에도 타이밍이 있다. 그 타이밍에 맞춰 책을 출간해야 한다. 바닷물은 밀물과 썰물이 있다. 마찬가지로 책도 시기와 상황에 따라 나오는 시기가 있다. 아무리 좋은 책이라도 독자의 요구가 썰물처럼 빠져나가는 시기에 내놓으면 안 된다. 독자가 관심을 가질 때와 상황에 맞춰 책을 출간해야 한다.

6. 결국은 내용이다

구매를 결정짓는 것은 내용이다

책 쓰기에 대해 강의하는 사람들은 책의 주제와 목차가 80%이고, 책 내용이 20%라고 말한다. 이는 책을 구매할 때의 기준이다. 책을 구매한 뒤에는 책에 어떤 내용이 담겼느냐가 중요하다.

책 구매의 출발은 제목, 표지 디자인, 목차일 수 있다. 하지만 결국 구매를 결정짓는 것은 책의 내용이다. 만약에 내용이 부실하다면 독자로부터 외면받게 되는 것이 당연하다.

〈아트설교연구원〉에서는 매주 인문학책 위주로 독서 토론을 한다. 독서 토론 때마다 회원들은 내용이 좋은 책에 환호를 보낸다. 만일 내용이 만족스럽지 못하면 왜 이 책을 추천했느냐고 불만을 표한다. 최근에 한 책을 읽고 토론했는데, 이구동성으로 책이 너무 좋다고 하면서, 시간 가는 줄 모르고 책 읽는 행복을 맛보았다고 고백을 했다.

친구와 해외여행을 갔을 때, 그 친구는 내가 가져간 책을 주로 읽었다. 그가 책을 선택하는 기준은 '내용이 좋은가?'였다. 그는 표지 디자인이나 제목이 좋아도 내용이 부실한 책은 읽지 않으려 한다.

독자들이 처음 책을 구매할 때는 제목, 표지 디자인 등을 중시하지만, 나중에는 내용에 따라 책에 대한 반응이 달라진다. 나를 포함해서 많은 독자가 저자를 보고 책을 읽는 것은, 그 저자라면 책의 내용이 실망스럽지 않을 것을 알기 때문이다.

한국출판문화산업진흥원의 통계에 따르면 2019년 한 해 동안 우리나라에서 출판된 책이 58,635종에 이른다. 월평균 4,886권, 하루 평균 160권이나 되는 책이 세상에 쏟아져 나온다. 이 많은 책 중 팔리는 책은 내용이 좋은 책들이다.

기독교가 속해 있는 '종교와 역학'만 봐도 베스트셀러는 이미 유명한 저자들로 채워져 있다. 그 저자들의 공통점은 알찬 내용의 책들을 쓰고 있다는 것이다.

그럼, 내용이 좋은 책을 쓰려면 어떻게 해야 하는가?

첫째, 책을 쓰고자 하는 분야의 공부를 많이 해야 한다.

남들이 읽지 않는, 관련이 없는 분야의 책까지 읽어야 한다.

둘째, 묵은지처럼 오랫동안 묵혀야 한다.

오랫동안 묵혔다는 것은 생각에 생각을 거듭했다는 말이다. 묵은지처럼 깊은 맛을 내는 책이 되기 위해서는 각고의 노력과 기다림이 뒤따라야 한다.

셋째, 통찰력 있는 콘텐츠로 채워져야 한다.

독자들은 자신이 모르는 내용, 정보 그리고 창의성 있는 내용의 책에 매력을 느낀다. 그러므로 내용이 풍부하도록 인용과 사례로 채워야 한다.

내용이 입소문을 좌우한다

사람의 특성 중 하나가 좋은 것은 나누려 하는 것이다. 혼자만 독식하려는 사람은 거의 없다. 이 글을 쓰는 중에 신학교 동기들을 만났다. 동기들이 이구동성으로 '나눔과 베품', 그리고 '함께'라는 말을 자주 언급했다.

책도 마찬가지다. 좋은 책을 만나면 주위에 '함께' 좋은 것을 공부하도록 추천하기를 즐겨한다. '함께' 하고자 하는 책은 좋은 내용이 담긴 책이다. 결국 책의 입소문은 그 안에 담긴 내용에 의해 결정된다고 할 수 있다.

유시민, 김영하, 정유정, 강원국, 정민, 재러드 다이아몬드, 유발 하라리, 팀 켈러, 이찬수, 조정민, 유기성 목사 등의 책은 출간되자마자 독자들이 먼저 찾아서 읽는다. 내용이 좋기로 정평이 나 있기 때문이다.

좋은 문장이 있으면 금상첨화다

송중기와 송혜교를 결혼으로 골인하게 했던 드라마가 2016년도에 방영된 〈태양의 후예〉이다. 이 드라마의 시나리오를 쓴 김은숙 작가는 사람들의 마음을 사로잡는 문장을 잘 쓰기로 유명하다. 그가 집필한 〈파리의 연인〉, 〈도깨비〉, 〈미스터 선샤인〉 등 수많은 작품이 대인기를 끈 이유는 문장이 좋기 때문이다.

30%의 시청률이 나오기도 쉬운 일이 아닌데, 〈태양의 후예〉는 닐슨 코리아 조사에서 최고시청률이 38.8%까지 나왔다. 〈태양의 후예〉는 '뜨는 드라마'의 세 가지 이유인 창의적인 이야기, 역동적인 구성, 사람의 마음을 끌어당기는 문장이 다 들어 있다. 특히 명문장이 많아 사람들의 높은 관심을 끌었다. 한 가지만 예를 들면 아래와 같다.

송중기가 세수하고 있는 송혜교에게 총으로 조준을 한다. 그러자 송혜교가 말한다. "조준 목표가 헤드 샷입니까?" 그러자 송중기가 "헤드 샷이 아니라 하트 샷입니다"라고 대답한다.

그다음, 송중기가 덧붙이기를 "조준 목표가 너무 예쁩니다"라고 말하자 옆에서 이 광경을 지켜보던 진구가 송중기에게 보고하면서 "중대원들 총기 점호 이상 없습니다"라고 말한다.

그때 송중기가 "제 총기도 이상 없습니다"라고 말하자, 진구가 "총기는 이상 없는데, 사수가 이상 있어 보입니다"라고 말을 받는다.

'헤드 샷'이냐고 물을 때 '하트 샷'이라고 받아치는 것이 여자들을 심쿵하게 했다.

회원 중 한 명이 2021년 방영된 드라마 〈빈센조〉의 명문장을 이야기했다. 작가 박재범이 명문장을 많이 구사했기 때문이다.

송중기가 이런 말을 한다.

"반성은 말로 하는 것이 아니라 바꾼 행동을 유지하는 것이다."
"자식이 부모에게 쏜 화살들은 한 발도 예외 없이 후회가 되죠."
"후회는 현실에서 겪는 가장 큰 지옥이다."
"깨달음은 싸움의 전리품이다."

이런 문장들을 대하면 사람들 마음이 저절로 움직인다. 그러므로 할 수만 있다면 명문장을 써야 한다.

명문장을 쓰려면 어떤 준비를 해야 하는가? 먼저는 책의 좋은 문장을 베껴 써야 한다. 다음으로 매일 글을 써서 필력을 키워야 한다. 언제나 진리는 단순하다. 하던 것, 해야 할 것을 매일 하면 반드시 좋은 결과로 이어진다.

설교의 명문장은 명품 반응을 이끌어낸다

명문장은 설교에서도 동일하게 적용된다. 교인들도 명문장이 많은 설교에 반응을 보인다. 설교에 명문장이 있으면 듣는 교인의 귀가 쫑긋해진다. 그러므로 저자는 명문장을 쓸 수 있도록 준비되어 있어야 한다.

설교에서 명문장에는 개념의 정의를 선명하게 내리는 것도 포함된다. 예를 들면 아래와 같다.

"믿음은 선구안이다."

"기쁨은 호흡과 같다."

"약점은 내 인생의 지렛대이다."

이찬수 목사는 《삶으로 증명하라》에서 신앙이 자라는 것에 대해 이렇게 정의를 내린다.

"신앙이 자란다는 것은 바로 선택의 기준이 바뀌는 것이다."

설교는 명문장이 많을수록 좋다. 〈논증 세미나〉를 할 때마다, 참여한 설교자들이 명문장에 마음을 주는 것을 매번 본다. 교인들은 명문장만을 기억한다.

교인이 명문장을 기억하는 것은 명품 반응을 일으키고 있다는 증거이다. 그러므로 설교자도 명문장을 쓸 수 있는 필력을 길러야 한다.

'생존 독서'에서 '생존 글쓰기'로 전환하라

훌륭한 작가가 되려면 세 가지를 갖춰야 한다.

첫째, 주문 제작자가 되라.

둘째, 콘텐츠할 말다.

셋째, 창조적인 마인드다.

훌륭한 작가가 되려면 위의 세 가지를 갖출 뿐만 아니라 스스로 만들어낼 수 있는 글을 쓸 줄 알아야 한다. 그러려면 '생존 독서'에서 '생존 글쓰기'로 전환해야 한다.

글쓰기는 일종의 마법이다. 그 마법은 단순하다. 매일 글을 쓰면 된다. 어떤 사람들은 "글쓰기는 타고 난다"라고 말하면서 글쓰기를 포기한다. 그렇지 않다. 혹여 타고난 글쟁이가 있을 수는 있다. 하지만 대부분 글쟁이는 엄청난 노력을 통해 만들어진다.

우리는 '생존 독서'와 '생존 글쓰기', 이 둘을 모두 해낼 수 있어야 한다. 생존 글쓰기를 해야 하는 이유는, 그것이 평범한 사람이 비범한 사람으로 도약하는 디딤돌이 되기 때문이다. 생존 글쓰기를 하면 평범한 사람도 유명해질 수 있다. 학벌이 없을지라도 한 분야의 전문가로 세상에서 인정을 받을 수 있다.

영국의 전기 작가인 제임스 보즈웰James Boswell의 말을 귀담아들을 필요가 있다.

"훌륭한 작가는 한 권의 책을 쓰기 위해 도서관 절반 이상을 뒤진다."

놀면서 존경받는 작가가 될 수는 없다. 훌륭한 작가는 도서관 절반 이상을 뒤진 결과물이다.

99세에 첫 시집을 낸 일본인 시바타 도요는 7년간 인근 도서관의 책 2만 5천 권의 절반 이상을 읽었고, 책 쓰기에 관한 책만 100권을 읽었다고 한다. 연세대학교 명예교수인 김형석은 100세가 넘었는데, 지금도 활발하게 현역으로 활동하고 있다. 최근에는《백년의 독서》라는 책에서 독서를 100년 동안 했음을 이야기한다. 시바타 도요와 김형석을 통해 '생존 글쓰기'에 나이가 없음을 알 수 있다.

세계 역사상 최대 업적의 35%는 60~70대에 성취되었다고 한다. 괴테(Johann Wolfgang von Goethe)가《파우스트》를 완성한 것은 80세가 넘어서였다. 다니엘 디포Daniel Defoe는 59세에《로빈슨크루소》를 썼고, 칸트Immanuel Kant는 57세에《순수이성비판》을 발표했으며, 미켈란젤로Michelangelo Buonarroti는 로마의 '성 베드로 대성전'의 돔을 77세에 완성했다.

'생존 독서', '생존 글쓰기'를 하면 나이는 아무런 상관이 없다. 어떤 결과물이 나오지 않아도 상관없다. '생존 독서', '생존 글쓰기'를 하는 동안 행복한 삶을 살기 때문이다.

5장.
원고 투고에서 출간까지

책 쓰기! 나도 할 수 있다

책쓰기 나도 할 수 있다

책 쓰기!
나도 할 수 있다

1. 원고 투고, 포기는 금물이다

ㄱ ㄴ ㄷ ㄹ ㅁ ㅂ ㅅ   ㅇ ㅈ ㅊ ㅋ ㅌ ㅍ ㅎ

출판사의 문을 두드려라

책 쓰기를 마쳤으면 반드시 거쳐야 할 관문이 있다. 출판사에 원고를 투고하는 것이다. 작가의 삶은 원고 투고의 삶이라 해도 과언이 아니다. 원고 투고는 책이 세상에 나오기 위한 마지막 관문이다. 문제는 이 관문을 통과하기가 너무나 어렵다는 것이다.

쉬운 방법도 있기는 하다. 자비로 출판하는 것이다. 그리고 1인 출판사를 운영하는 방법도 있다. 그렇지 않다면 누구도 예외 없이 출판사에 원고를 투고해야 한다.

출판사에 원고를 보내면 출판사의 반응은 시큰둥하다. 유명한 출판사의 문은 넘사벽과 같다. 넘사벽을 깨뜨리려면 작가에게 그 이상의 유명세가 갖춰져 있어야 한다.

우리나라에는 출판사의 수가 3만 개가 넘는다. 기독교 출판사의 빅 6

는 '두란노서원', '규장', '생명의말씀사', 'IVP', '홍성사', '복있는사람'이
다. 그 외에도 아주 많은 출판사가 있다.

그 많은 출판사 중에 나의 책을 출간해주겠다고 나서는 곳은 없다. 스
스로 문을 두드려야 한다. 어떤 분은 출판사에 아는 직원이 있다면 바짓
가랑이를 물고 늘어지라는 말도 들었다고 한다. 그만큼 책 출간이 쉽지
않다는 뜻이다.

나도 책 출간이 얼마나 어려운지를 뼈저리게 경험했다. 까다로운 출판
사의 문을 두드려서 여는 것은 작가의 몫이다. 그러므로 출판사에 원고
를 투고해야 한다. 아니, 투고하고 또 투고해야 한다. 기독교 출판사 아
닌 일반 출판사에서 책을 내려면 몇백 군데에 원고를 투고하는 것 같다.

책을 출간하고자 할 때 알아야 할 것은, 자기의 책을 가장 잘 출간해
주고, 홍보를 잘해주는 곳에서 출간해야 한다는 것이다. 그러므로 자신
의 책과 어울리는 출판사를 선정하여 원고를 투고하기를 권한다.

책을 썼다면 누구나 자신의 책이 잘 팔려나가길 원한다. 저자는 출판
사가 자기 책을 많이 판매할 능력이 있기를 바란다. 하지만 가장 중요한
것은 나의 원고의 가치를 알아주는 출판사와 연결되는 것이다. 그러므
로 이를 위해 기도하며 투고하는 것이 좋다.

좋은 출판사 만나기를 기도하라

세상은 인생에서 노력보다 행운이 중요하다고 말한다. 노력도 열심히
해야 하지만, 행운을 잡을 수 있어야 한다는 말이다.

기독교는 하나님의 은혜를 강조한다. 하나님의 은혜를 강조할 때 연결

되는 것이 기도다. 원고를 투고할 때 많은 기도가 필요하다. 책 출간에는 하나님의 은혜가 필요하기 때문이다.

내가 책을 출간하고 지금까지 작가의 삶을 살 수 있었던 것은 하나님의 은혜 덕분이라고 고백할 수 있다. 그 과정에서 간절하고 절박한 기도가 있었음은 물론이다. 책 출간을 위해 기도해야 하는 이유는, 원고 투고는 얼마든지 할 수 있지만 그 원고가 채택되기는 매우 어렵기 때문이다.

어쩌면 원고가 채택되는 경우는 희귀하다는 말이 맞을지도 모른다. 나는 출판사의 편집장과 연결된 후에도 책 출판이 매우 어렵다는 것을 많이 경험했다. 그러니 원고를 투고할 때 반드시 기도해야 한다.

원고를 투고하면서 마음을 모아 기도할 내용이 있다.

"좋은 출판사를 만나게 해주세요."

그러면, 어떤 출판사가 좋은 출판사인가?

양춘미 에디터는 그녀의 책 《출판사 에디터가 알려주는 책 쓰기 기술》에서 좋은 출판사의 조건 세 가지를 이야기한다.

첫째, 깔끔한 편집으로 책을 잘 만들어주는 출판사다.

둘째, 마케팅을 잘하는 출판사다.

셋째, 인세를 밀리지 않고 잘 주는 출판사다.

기독교 출판사에서 이런 출판사는 흔치 않은 것 같다. 그럴지라도 이런 출판사를 만나기 위해 기도해야 한다.

편집자는 무엇을 보는가?

원고를 투고할 때, 출판사가 무엇을 가장 먼저 보는가? 출간하고 싶은 작가인가 하는 것을 가장 먼저 본다. 그다음 보는 것이 출판사와 방향성이 맞는가 하는 것이다.

모 출판사에 갔을 때, 지인이 출판사에 의뢰한 원고 목록이 칠판에 쓰여 있었다. 출판사 대표가 그것을 보고는, '우리 출판사와는 맞지 않는 책'이라고 말했다. 책이 출간되려면 나의 원고와 출판사의 방향성이 맞아야 한다. 그러려면 출판사에서 무엇을 보는지를 알고 투고해야 한다.

김우태의 책《내 인생의 첫 책 쓰기》에는 출판사〈더블:엔〉의 '편집장의 원고 선택 Tip 10'이 실려 있다.

1. 저자의 관심사, 잘 쓸 수 있는 것으로 주제를 잡았나?
2. 재미있게 썼나?
3. 저자의 현재 프로필과 연관된 지식 및 노하우를 담았나?
4. 평범한 주제를 독특하게, 또는 낯선 주제를 솔깃하게 풀어냈나? 독자가 이 책을 집어 들지를 생각하며 써야 한다.
5. 실제 사례가 많나?
6. 1페이지 기획서를 진솔하게 작성했나.
7. 왜 이 출판사에서 출간하고 싶은지 밝혀주었나?
8. 홍보를 같이 하는가? 블로그 및 SNS 파워가 크면 좋겠지만, 그렇지 않아도 지속적으로 하겠다는 의지가 있다면 OK.
9. 원고는 꼭지별로 말고, 통으로 하나의 파일로!

10. 사진이 많은 원고라면 사진 자리잡아 PDF 파일로 변환!

위 편집장의 '원고 선택 Tip 10'도 맞는 말이다. 하지만 가장 많이 보는 것은 저자의 파워이다. 다른 말로 하면 책을 판매할 수 있는 능력이다. 신학교 동기에게 이런 말을 들었다. 어떤 기독교 출판사가 자신에게 책 출간을 권했는데, 책을 1,000여 권 구입하기를 요구했다는 것이다.

나도 2021년부터 1인 출판사를 운영하고 있다. 출판사 운영의 가장 어려운 점은 코로나19로 인해 책 판매가 지극히 부진한 것이다. 책 판매가 부진하면 출판사 운영이 어렵다. 출판사는 책 판매에 신경을 쓰지 않을 수 없으니 책을 판매할 수 있는 저자의 능력을 가장 많이 보게 된다.

그럴지라도 원고가 워낙 좋으면 관심을 보이게 되어 있다. 그러므로 인지도가 쌓이기 전에는 출판사에서 관심을 가질 수 있는 좋은 원고가 준비되어 있어야 한다.

눈에 띄는 출간제안서를 작성하라

원고를 잘 썼다면 그다음에 쓸 것이 출간제안서이다. 출판사 입장에서는 잘 모르는 저자를 신뢰할 근거가 부족하다. 그러니 출간제안서에 의존할 수밖에 없다. 출간제안서를 잘 써야 채택될 확률이 높다. 출판사가 저자의 출간제안서를 본 뒤 출간을 결정하기 때문이다. 그러므로 출판사의 눈에 띄는 출간제안서를 작성해야 한다. 만약 눈에 띄지 않는 출간제안서라면 출간은 기대하기 어렵다.

기독교 출판사 중에서 빅6 출판사에는 하루에도 엄청나게 많은 원고 투고가 들어온다. 그중에서 채택되는 경우는 1% 전후라고 한다. 이토록 경쟁률이 높은 상황에서 출판사 담당자의 눈에 띄도록 출간제안서를 써야 하는 것은 당연하다.

비록 한 장의 출간제안서일지라도 정성을 담아 작성해야 한다. 무엇보다도 눈길을 끌 수 있는 내용이 담겨야 한다. 그 이유는, 잘 쓴 출간제안서는 열 원고 부럽지 않을 만큼 출간을 좌우하기 때문이다.

2. 거절을 당연시하라

거절은 기본이다

출판사에 원고를 투고한 후에는 누구나 큰 기대감을 안고 기다린다. 그러나 돌아오는 응답은 대부분 거절의 메시지이다. 나의 경험상 거절은 기본이었다.

거절당하고 기분 좋을 사람은 아무도 없다. 출판사의 거절을 당하면 누구나 기분이 좋지 않다. 이 원고를 거절한 이유가 뭐냐고 한마디 하고 싶어진다. 책 쓰기를 포기해야 하는지 고민하기도 한다.

그러나 저자로 살아가려면 출판사의 거절에 익숙해져야 한다. 첫 책을 내는 저자라면 특히 출판사의 거절을 당연하게 받아들여야 한다.

처지를 바꿔 생각해보라. 알지도 못하는 사람이 돈을 빌려달라고 하거나, 우리 집에서 하룻밤 신세를 지겠다고 할 때 흔쾌히 받아줄 사람이 있는가? 일면식도 없는 내가 책을 출간해 달라고 하는데, 묻지도 따지지도 않고 받아들일 출판사가 있으리라고 기대한다면 지나치게 순진한 것이다.

혹자는 출판사가 자신의 진가를 알아보지 못했다고 분개할 수도 있다. 나중에 자신이 인기 있는 작가가 되었을 때 그 출판사에는 기회를 주지 않겠다고 생각할 수도 있다. 그러나 출판사의 입장에서는 냉정할 수밖에 없다. 책 출간이 출판사의 생존과 직결되기 때문이다.

실패를 성공의 발판으로 삼아라

거절당하기의 왕이 있다. 할랜드 데이비드 샌더스Harland David Sanders다. 그는 맥도날드의 레이 크록Ray Kroc과 함께 패스트푸드 업계의 개척자로 널리 알려진 인물이다. 1952년 62세의 나이에 KFC를 창업해, 미국 남부에서나 먹던 음식인 프라이드 치킨을 전 세계에 널리 알리는 데 성공했다.

그는 정주영 회장이 말한 대로 "실패는 있어도 포기는 없다"라고 말할 수 있는 사람이다. 1008번 거절당한 끝에 1009번째 도전으로 KFC를 세웠기 때문이다. KFC를 창업하기 전 커넬 샌더스는 원래 진행하던 다양한 사업이 모두 망하고, 소액의 국가 연금으로 연명하던 암담한 상황에 있었다. 이런 비참한 상황에도 굴하지 않고 자신의 특기를 살려 창업에 나섰고, 결국 미국 최고이자 세계 최고의 치킨 프랜차이즈를 일궈내는 데 성공했다.

그의 삶은 실패, 실패, 실패로 점철된 삶이었다. 그는 미국 전역을 떠돌며 자신의 조리법을 팔고 다녔다. 무려 1008번의 거절을 당했지만, 그래도 포기하지 않고 자신의 조리법을 알아봐 줄 사람을 찾아다녔다.

마침내 1952년 미국 유타주 솔트레이크시티에서 피트 하먼Pete Harman이라는 사업가를 만나게 되었다. 피트 하먼은 자신의 동네에서 보기 힘든 닭고기 튀김에 많은 관심을 보였고, 마침내 커넬 샌더스의 조리법을 구매하기로 했다.

세계적인 베스트셀러 《해리 포터와 마법사의 돌》의 저자 조앤 롤링 Joan K. Rowling도 출판사들로부터 12번의 퇴짜를 당했지만, 천신만고 끝에 13번째 출판사와 출간 계약을 할 수 있었다. 《내 인생의 첫 책 쓰기》의 저자 김우태도 115번 원고 투고 만에 출판 계약을 맺었다. 1983년 퓰리처상을 받은 작가이자 만화가인 닥터 수스(Dr. Seus)는 첫 책을 출판사 27군데에서 거절당했다. 이후 닥터 수스는 60종이 넘는 책을 성공리에 출간했으며, 세계적으로 6억 부가 넘는 판매 부수를 기록했다.

나는 한 번의 원고 투고로 출판한 책도 있지만, 대부분 거절의 쓴맛을 봐야 했다. 그래도 좌절하지 않고 계속 도전했기에 14권의 책을 출간할 수 있었다. 거절당했을 때 한 가지를 기억해야 한다.

"다시 도전하자!"

다시 도전하면 기회는 반드시 온다. 하나님은 두드리는 자에게 반드시 기회를 주신다.

출판사는 어떻게 거절하는가?

출판사에 원고를 투고한 뒤 아래와 같은 메일이 날아오는 경우가 많다.

"저희와 편집 방향이 맞지 않습니다. 다른 곳에서 출간을 기대합니다."

"애석하지만 보내주신 원고는 저희가 출간하기 어려울 것 같습니다."

이런 메일을 받고 기분이 좋을 사람은 없다. 그러나 이럴 때 더욱 자신의 마음을 다잡아야 한다. 더 강한 도전정신으로 무장해야 한다. 그리고 글을 더 잘 쓰기 위해 이를 앙다물어야 한다.

처음 거절의 메일을 받았을 때 나는 시조 한 수를 읊었다.

"이런들 어떠하리, 저런들 어떠하리."

거절을 당한 뒤 새겨야 할 말이 있다.

"거절은 당연한 일이다."

책 출간을 거절당하는 것은 지극히 당연한 '현실'일 뿐이다.

앞의 경우와는 다르게 애정이 담긴 메일을 보내는 출판사도 있다.

"저희 출판사의 방향과 조금 다를 뿐 무척 귀한 원고라고 생각합니다. 모쪼록 다른 경로를 통해서나, 이후에라도 출판의 길이 열리시기를 기원합니다."

애정이 담긴 메일만 받아도 희망이 생긴다. 하지만 어쨌든 거절은 거절이다. 그러니 거절에 기죽지 말아야 한다.

나는 이런 메일을 받아본 적이 있다.

"목사님, 개인 사정으로 회신이 늦어지고 말았습니다. 정말 죄송합니다. 사실 적지 않은 고민이 있었습니다. 원고는 깔끔하게 정리되어 있고, 책의 판매 또한 나쁘지 않을 것 같습니다. 그럼에도 혼자 감당하고 있는 1인 출판의 한계 상황으로 인해 부득이하게 목사님의 원고를 반려해야 할 것 같습니다. 지금 출간 일정을 버겁게 감당하고 있는 상황이라서요. 정말 죄송한 마음입니다. (하지만 메이저 출판사의 저자인 점을 고려하면 여건이 더 좋은 곳에서 책이 나올 수 있다는 믿음으로, 조금은 가벼운 마음으로 말씀드립니다.)"

그럴지라도 거절은 거절일 뿐이다. 거절 메시지를 받으면 그 출판사에서 책 출간은 그것으로 끝이다. 그럼 즉시 다른 출판사를 알아봐야 한다.

책 쓰기를 지도하는 사람들이 흔히 이런 말을 한다.

"최소한 500군데 이상 출간을 의뢰해야 합니다."

기독교 출판사라면 모든 출판사에 원고 투고를 해야 한다는 뜻이다. 최소한 499곳의 출판사로부터 거절을 당하는 것을 정상으로 받아들이고 원고 투고를 해야 한다.

출판사의 '거절'은 저자에게 삶의 일부이다. 그러므로 '거절'을 두려워하지 말고 투고하고, 또 투고하라.

거절은 더욱 분발하라는 사인이다

출판을 거절당하면 마음이 힘들다. 그러나 거절은 더욱 분발하라는 사인이다. 분발하지 않으면 출간의 기회는 점점 더 멀어진다. 원고 투고한 책보다 더 탁월한 책을 쓸 기회로 삼아야 한다.

출판사에서 보통 원고를 검토하는 데 한 달 전후가 걸린다. 하지만 출판할 의향이 있으면 바로 출간 제안을 한다. 나의 경험상 출판사가 출간하려는 경우에는 대부분 며칠 이내로 연락이 왔다. 그러므로 투고 뒤 일주일 이상 연락이 오지 않으면 출판 거절로 보는 것이 현명한 것 같다.

원고를 투고한 다음이나 출판을 거절당한 이후가 중요하다. 자신의 할 일을 해야 한다. 자신이 할 일도 '현실'이기 때문이다. 자신이 가진 것이 부족하다면, 가진 사람보다 10배는 더 노력해야 한다.

나는 투고한 원고가 거절당하면 더욱더 분발한다. 편한 상태를 불편한 상태로 만든다. 원고 투고를 거절당했을 때 가질 마음은 두 가지다. 절박함과 오기다. 절박한 마음으로 더욱 매진해야 한다. 언젠가는 기회를 잡고 말겠다는 오기로 일상에 최선을 다해야 한다.

거절당하면 마음을 지켜라

《소설 거절술 - 편집자가 투고 원고를 거절하는 99가지 방법》의 저자 카밀리앵 루아Camillien Roy가 이런 말을 했다.

> "진정한 작가가 되기 위해서는 거절당할 걱정하기보다 오늘도 부지런히 글을 쓰라."

출판사로부터 거절을 당했다면 딱 하나만 지키면 된다. 자기 마음이다. 그 마음으로 거절당한 날도 부지런히 글을 써야 한다. 아마추어는 영감을 기다릴 때, 프로는 작업한다는 말이 있지 않던가? 거절당한 즉시 다시 책 쓰기 작업을 시작해야 한다. 더 강도를 높여 책 쓰기에 도전해야 한다. 카밀리앵 루아의 말처럼 오늘도 부지런히 글을 쓰는 편을 택해야 한다.

저자의 삶을 살려면 마음을 지켜내는 것을 슬기롭게 잘 할 수 있어야 한다. 수많은 거절이 아무렇지도 않은 일상 중의 하나로 받아들이며 살아가야 한다. 출간 거절을 당한 뒤 우리가 할 일은 나의 마음을 평상시대로 유지하는 것이다. 그 이유는, 인생의 걸림돌은 출판사가 아니라 자신이기 때문이다.

조윤제는 그의 책《다산의 마지막 공부》에서 이런 말을 한다.

"내 인생의 걸림돌은 언제나 나 자신이었다."

출판사가 걸림돌을 놓았을지라도 나는 디딤돌로 바꾸어야 한다. 중국 고전《대학》에 나오는 유명한 말이 있다.

"수신제가치국평천하修身齊家治國平天下"

곧 '나라와 천하를 잘 다스리기 위해서는 가장 먼저 자기 몸을 가다듬고 마음을 바로 세워야 한다'는 뜻이다. 내 것이지만 내 맘대로 할 수 없는 것이 마음이다. 이 마음을 제대로 지켜내면 반드시 하나님께서 기회를 주신다.

이 책을 쓰고 있는 날, 아침에 출판사로부터 메일 한 통을 받았다. 출간 거절 메일이었다. 하지만 여전히 카페에서 이 책을 썼다. 이것이 내가 해야 할 일이기 때문이다. 마음만 다스리면 언젠가는 결과가 나옴을 믿고 써야 한다.

재미있는 것은, 나의 책 중 잘 팔리는 책들은 대부분이 출판사에서 거절을 많이 당한 책이라는 것이다. 그것이 세상을 사는 이치이다. 그러므로 마음 다스리기의 달인이 되어야 한다. 마음을 다스리면 하나님께서 기필코 선물을 주신다.

3. 출판의 네 가지 유형

ㄱ ㄴ ㄷ ㄹ ㅁ ㅂ ㅅ ㅇ ㅈ ㅊ ㅋ ㅌ ㅍ ㅎ

출판에는 네 가지 유형이 있다

책 출판에는 네 가지 유형이 있다. 독립출판, 자비출판, 반기획출판, 기획출판이다. 독립출판이나 자비출판은 책을 출간하는 것이 어렵지 않다. 책을 쓴 뒤 책을 출간할 비용만 있으면 가능하다.

첫째, 자비출판

자비출판은 자신이 출판 비용을 부담하는 출판이다. 마음만 먹으면 할 수 있는 출판이다. 기독교에도 자비출판을 주업으로 하는 출판사들이 있는 것으로 알고 있다. 자비출판은 책을 판매할 능력만 있다면 최적의 방법이다. 미국에서는 자비출판을 하는 경우가 점차 늘고 있다고 한다. 나도 자비출판을 한 적이 있다. 자비로 출판한 책이 꽤 판매가 잘돼서 괜찮은 수익을 올렸다.

자가 출판 플랫폼으로 〈부크크〉bookk라는 것이 있다. 부크크는 출판이 아주 쉽다. 저자가 직접 출판할 수 있다. 2014년에 서비스를 오픈하여 5,500종 이상의 도서를 출판하였다. 활동 중인 작가가 14,678명이고 등록된 전자책이 3,057권이다. 부크크에 승인된 도서의 개수가 20,095권 일만큼 활발하게 출판이 이루어지고 있다. 부크크의 장점은 독자가 주문할 때 해당 부수만을 인쇄하여 배송하기 때문에 재고와 초기 비용이 들지 않으므로 무료 출판이 가능하다는 것이다.

기획출판이면 금상첨화錦上添花겠지만, 어떤 방식으로든 출판을 하는 것이 중요하다. 그러므로 자비출판이라고 자신을 비하할 필요가 없다. 때와 상황에 맞게 사는 것이 삶의 기본이지 않던가?

둘째, 독립출판

독립출판은 자비출판보다는 절차가 까다롭다. 구청과 세무서에 출판업을 등록하는 절차를 밟아야 하기 때문이다. 독립출판을 하려면 먼저 구청에 출판업 등록을 해야 한다. 그다음 세무서에서 사업자등록증을 내야 한다. 그러나 이 출판도 자신의 비용으로 책을 출간하는 것은 자비출판과 그리 다르지 않다. 요즘에는 자비출판과 독립출판이 활발한 추세이므로, 기획출판에 어려움이 있다면 도전할 가치가 충분히 있다.

셋째, 반기획 출판

반기획출판은 출판사와 작가가 비용을 반반씩 부담하는 출판이다. 이는 출판사에서 저자의 책의 내용이 꽤 괜찮다고 판단할 때 하는 출판 방법이다. 반기획 출판은 일반 출판사와 자비 출판사에서 많이 하는 것으로 알고 있다. 이 방법으로 출판할 때 출판사는 책 출간에 신경을 꽤 쓴다. 우리가 자주 듣는, 책 몇백 권을 구매하는 조건으로 하는 출판을 반기획출판이라 할 수 있다.

넷째, 기획출판

소위 말하는 '인세'를 받고 하는 출판이다. 원고를 투고하는 것은 기획출판을 하기 위해서다. 출판사가 인세를 주어야 하므로 기획출판을 하기는 쉽지 않다. 기획출판을 하려면 유명세가 있거나, 책의 내용이 다른 저자에 비해 차별화되어 있을 때 가능하다. 나의 경우는 5권 정도 반기획 출판을 한 뒤 기획출판을 했다. 기획출판을 할 때까지 기간이 꽤 걸렸다.

기획출판을 향하여, 전진!

앞에서도 말했지만, 기획출판은 출판사에서 모든 비용을 지급하는 출판이다. 기획출판은 출판사에서 작가와 책의 내용과 판매력에 대한 전적인 신뢰를 바탕으로 하는 출판이다. 그래서 기획출판은 쉽지 않다.

기독교 출판에서 온전한 기획출판은 그리 많지 않다는 소리를 들은 적이 있다. 대부분 일정한 책을 구매하는 조건인 반기획출판이 많다. 반기획출판도 그리 나쁘지는 않다고 생각한다. 어쩌면 처음 몇 권의 책을 출간할 때는 반기획출판부터 시작하는 것으로 생각해야 할 것 같다.

기획출판을 하려면 앞에서도 말했듯이 책의 퀄리티와 저자의 브랜드가 전제되어야 한다. 출판사가 기획출판을 많이 할 수 없는 이유는 그리스도인이 책을 읽지 않기 때문일 것이다. 연세대학교 명예교수인 김형석은《백년의 독서》에서 "일본에서는 책이 3만 부는 기본으로 판매가 되어 저자가 생활할 정도는 되지만, 우리나라는 3쇄 찍기도 힘들다"라고 말한다. 기독교 출판은 2쇄 찍는 것도 좁은 문이라 생각된다.

기독교 출판 시장이 그러잖아도 어려웠는데, 코로나19 이후에는 신음 소리도 내기 어려운 상황이 되었다. 기독교 서점이 문 닫을 지경에 이른 곳이 많아져서 기획출판은 더 힘들 것으로 예상된다.

코로나19 이후는 더 많이 책을 읽어야 하는 시기이다. 하지만 그리스도인들은 여전히 책을 읽지 않는다. 아니, 더 읽지 않는다. 이를 한눈에 보여주는 것이 서울 강남의 고속버스터미널 앞에 있는 대형 기독교 서점 3곳 중 1곳만이 남은 일이다.

며칠 전에도 문 닫은 기독교 서점을 보았다. 과거에는 기독교 서점이 호황을 이룬 적이 있었다. 이제는 기독교 서점의 생존이 심각한 문제가 되었다.

이런 상황이니 기획출판은 쉽지 않다. 그럴지라도 책 쓰기를 사명으로 알고, 다양한 출판으로 책을 출판하길 권한다.

4. 출간기획서를 돋보이게 작성하라

ㄱ ㄴ ㄷ ㄹ ㅁ ㅂ ㅅ   ㅇ ㅈ ㅊ ㅋ ㅌ ㅍ ㅎ

출간기획서란?

출간하고 싶은 책이 있다면 출판사에 '출간기획서'를 보내야 한다. 그러면 출판사는 출간기획서를 검토한 뒤 출판 여부를 결정한다.

책을 출간할 때 두 가지 필요한 것이 있다. 하나는 출간기획서이다. 또다른 하나는 출간제안서이다. 이 둘은 다르다. 출간기획서는 자신이 쓰고 싶은 책의 목적과 방향을 갖고 출판사에 책에 대한 기획서를 제출하는 것을 말한다. 출간제안서는 출간기획서와는 달리 책을 집필한 뒤 출판사에 원고를 투고하는 것이다.

출간기획서는 처음 책을 출간하는 사람에게는 해당하지 않을 수도 있다. 대부분은 어느 정도 지명도를 지닌 작가에게 해당한다. 하지만 출간기획서를 제출해 출간에 도전하는 것은 누구에게나 열려 있다.

출간기획서의 다양한 유형들

출간기획서를 어떻게 써야 하는가? 저자마다 출간기획서를 어떻게 써야 하는가를 바라보는 관점이 다르다. 그래서 출간기획서 쓰는 방법을 저자별로 소개하고자 한다.

첫째, 김태광은 《이젠 책 쓰기가 답이다》에서 출간기획서 쓰는 방법을 이렇게 이야기한다.

1) **기획 의도**: 왜 이 책을 쓰고자 하는지 의도를 비교적 자세하게 적는다. 다른 책들과 차별화되는 점을 곁들여도 좋다.

2) **가제**: 책의 주제나 콘셉트가 담겨 있는 책의 제목을 쓴다. 제목만 보고도 이 책이 무엇을 말하는지 알 수 있어야 한다.

3) **예상 원고 내용**: 쓰고자 하는 책의 내용에 대해 적는다. 각 장에 들어 있는 각 꼭지에 어떤 내용이 들어갈지 비교적 상세하게 쓰는 것이 좋다.

4) **저자 프로필**: 저자의 프로필과 함께 저자만의 스펙이나 경쟁력을 풀어 쓰는 것이 좋다.

5) **타깃 독자**: 책을 기획할 때 염두에 두었던 연령층을 쓰면 된다.

6) **경쟁 도서**: 기존에 비슷한 주제나 콘셉트를 가진 책들을 세밀하게 비교, 분석한 뒤 자신이 쓰는 책의 장점을 설명한다.

7) **집필 기간**: 원고 쓰기를 언제 시작해서 언제 마칠 것인지 데드라인을 정한다.

8) **마케팅 전략**: 책이 출간된 뒤 출판사에 홍보와 마케팅을 전적으로

맡기기보다 저자가 마케팅을 위해 노력하면 책의 판매고에 영향을 미친다. 출간 기념회나 강연, 블로그, 마케팅 등 어떤 마케팅을 펼칠지, 동원 가능한 마케팅 전략을 생각한다.

둘째, 유길문 외 《된다 된다 책쓰기가 된다!》에서는 출간기획서 쓰는 방법을 이렇게 이야기한다.

    1) 제목/부제목

    2) 저자 프로필

    3) 출간 분야

    4) 기획 의도

    5) 핵심 고객

    6) 핵심 콘셉트

    7) 유사도서 분석: 강점과 약점

    8) 내 책의 차별화 및 강점

    9) 홍보 및 마케팅 전략

    10) 목차 리스트

    11) 서문 요약

    12) 샘플 원고

어떤 것이든 출판사, 저자, 그리고 시대와 잘 어울려야 한다. 특히 출간기획서는 출판사의 방향에 맞춰 써야 한다. 출판사의 방향에 맞춰져 있지 않으면 채택될 가능성이 희박해진다.

남이영은 《나도 작가다》에서 출간기획서를 쓸 때, 두 가지를 강조한다.

첫째는, 출간기획서를 쉽게 써야 한다.

쉽게 쓴다는 것은 이 책을 왜 쓰려고 하는지는 물론, 책의 내용이 어떤 것인지 요약 정도까지 하는 것을 말한다.

둘째는, 출간기획서에 강조할 부분을 강조하라고 한다.

이 책을 출간해야 하는 이유, 이 시점에 이 책이 왜 출간되어야 하는지, 그리고 다른 책과는 어떤 차별성이 있는지를 강조해야 한다.

출간기획서를 통해 출판사, 저자, 독자가 연결됨을 보여줄 때 책을 출간할 확률은 높아진다.

5. 출간제안서를 남다르게 작성하라

출간제안서에 들어갈 세 가지 내용

출간제안서는 원고가 이미 쓰인 상태에서 쓴다. 그래서 출간제안서는 원고와 함께 출판사에 투고할 때 사용한다. 출간제안서를 쓸 때 들어갈 내용은 세 가지다. 핵심 독자층, 홍보 및 마케팅, 책 내용이다.

첫째, 핵심 독자층

책은 독자층이 확실해야 한다. 독자층이 확실하지 않으면 출판이 쉽지 않다. 그러므로 타깃을 분명하게 잡은 뒤 책을 써서 출간제안서를 보내야 한다.

나의 책의 타깃은 분명하다. 목회자설교자이다. 목회자가 아닌 평신도일지라도, 교회 등에서 설교를 한다면 대상이 된다. 나의 책을 구매하는 연령대는 40대가 가장 많고, 그다음이 50대, 60대, 그리고 30대 남자들로,

남자의 비율이 70%가 넘는다.

책 쓰기 세미나에 갔더니 핵심 독자층을 '책 읽지 않는 80%'에 잡으라고 하는 말도 들었다. 이 말도 맞는 말이다. 책 읽지 않는 사람들이 책을 구매할 정도이면 책을 읽는 사람의 구매는 당연하기 때문이다.

지인 중 한 명은 책을 손에 잡으면 한 번에 읽을 수 있는 사람을 독자층으로 잡았다. 이처럼 책의 독자층이 명확해야 한다. 독자층이 명확하지 않으면 그 책이 무주공산이 될 확률이 높다.

둘째, 홍보 및 마케팅

"책은 출판이 아니라 판매이다."

책을 출간하는 출판사 처지에서 보면 그렇다. 책은 출간되는 것보다 출간된 후가 중요하기 때문이다. 홍보와 마케팅에는 두 가지의 통로가 있다. 하나는 출판사의 마케팅이다. 다른 하나는 저자의 마케팅이다.

먼저, 출판사의 마케팅이다. 메이저 출판사에서 책을 출간하려는 이유는 출판사의 마케팅이 남다르기 때문이다. 많은 저자들도 인정하듯이 메이저 출판사의 홍보는 상당한 힘이 있다.

기독교 출판에서 두각을 나타내고 있는 두란노 출판사는 열 군데가 넘는 두란노 서점을 보유하고 있다. 그리고 판매가 잘될 것이 예상되면 국민일보에 전면, 혹은 반면 광고를 한다. 서점이 한 군데도 없는 출판사나, 국민일보에 전면 광고를 할 수 없는 출판사보다는 책이 잘 팔릴 것이 당연하다.

메이저는 아니지만, 기독문서선교회CLC도 괜찮은 편이다. 자체 영업망으로 영업을 할 뿐 아니라, 기독교 신문사를 연결해주기 때문이다.

메이저 출판사만 좋은 것은 아니다. 1인 출판사가 더 유리할 때도 많다. 책 한 권, 한 권에 사활을 걸므로, 최선을 다해 출간하고 마케팅을 한다.

다음으로 저자의 마케팅이다. 책 마케팅에서 저자가 할 수 있는 일은 한정적이다. 하지만 할 수 있는 모든 방안을 마련해야 한다. 저자가 영향력이 있으면 출판사보다 훨씬 낫다. 아무튼 저자는 지인들에게 인증사진이나 서평 등으로 홍보하던, 입소문으로 하던, 유튜브, 페이스북 등 SNS를 활용하던, 홍보와 마케팅에 앞장서야 한다. 지금은 시간이 흐를수록 저자의 파워가 더 중요해지는 것 같다.

목회자들에게는 교인들이 홍보와 마케팅의 강력한 조력자가 된다. 특히 교회의 규모가 크다면 홍보와 마케팅에서 훨씬 유리한 것이 당연하다.

셋째, 책 내용

출간제안서에서 가장 역점을 두어야 하는 것이 책의 내용이다. 책은 결국 내용이 좌우하기 때문이다. 나의 경험으로 봤을 때 책 출간을 좌우하는 결정적인 것은 책의 내용이었다. '그 내용이 시대에 맞는가?', '독자의 욕구를 채워줄 수 있는 내용인가?', '통찰력이 있는가?'가 출간을 결정짓는다.

책 내용의 중요성은 아무리 강조해도 지나치지 않다. 그러므로 책을 출간할 생각이라면 독자의 관심을 끄는 내용으로 채워야 한다.

김도인 목사의 출간제안서를 소개한다

나는 지금까지 14권의 책을 출간했다. 그리고 〈아트설교연구원〉 회원들의 책 13권에 관여했다. '책 쓰기 여행' 등 책 코칭을 통해 2권의 책 출간에 관여했다. 책을 출간할 때 출판사에 출간제안서를 많이 썼다. 그 중에 몇 개의 출간제안서를 소개하려 한다.

다음은 두란노 출판사에 보낸 《설교는 인문학이다》의 출간제안서이다.

1. 제목/ 설교는 인문학이다

2. 저자 프로필이름, 연락처

저는 치열한 설교 연구가입니다. 절박함으로 10년간 5,000권 이상 독서를 한 독서가이기도 합니다. 10년째 설교자들에게 '설교 글쓰기'를 가르치고 있습니다.

필자는 교회 안에서만의 소통이 아니라 세상과 소통하기 위해 독서를 시작하였습니다. 지금 10년째 인문학을 중심으로 5,000여 권의 책을 읽었습니다. 현재 《설교는 글쓰기다》는 다른 출판사에 출판 의뢰를 한 상태이고, 《설교를 통해 배운다》 원고를 교정 보는 중입니다. 그리고 《설교자와 묵상》이란 책을 쓰고 있습니다.

저는 독서와 책 쓰기, 그리고 사람 세우기에 정진하려고 합니다. 세상과 소통하는 책을 주로 쓸 계획이며, 간혹 신앙 성숙에 관련된 책을 쓰려고 합니다.

공부는 총신대 신학대학원에서 신학을 했습니다. 지금 매주 서울, 대구, 부산 등에서 목회자들에게 설교, 인문학 독서법, 성경 묵상법 등을 가르치고 있습니다. 현재 서울 송파구 잠실에서 주담교회를 개척해 목회하고 있으며, 〈아트설교연구원〉을 설립해 10년째 대표를 맡고 있습니다.

핸드폰/ 010-0000-0000

카 페 http://cafe.naver.com/judam11

블로그 http://blog.naver.com/kabod

3. 기획의도

이 책은 필자가 설교자들을 가르치고 있는 〈아트설교 연구원〉에서 가르치는 내용을 중심으로 엮은 〈아트설교 연구원〉의 교과서입니다. 오래전부터 세미나에 참석하신 설교자들로부터 책 출간에 대한 요청이 많았는데, 이제야 응답하게 되었습니다. 저는 이 책이 설교자 훈련 교재로 안성맞춤이라 생각하여 출간을 결심하게 되었습니다.

이 책은 "설교는 인문학"임을 천명한 첫 책입니다. 우리가 익히 알고 있듯이, 고故 스티브 잡스가 '아이폰은 인문학과 기술의 교차점에서 만난 것'이라고 말했습니다. 마찬가지로 설교도 신학과 인문학의 교차점에서 만나야 합니다. 그때 비로소 하나님의 말씀과 청중의 커뮤니케이션이 이루어집니다.

필자는 10년째 인문학을 중심으로 독서를 하면서, 설교에 신학과 인문학의 융합이 필수적임을 절감하고 있습니다. 또한 성경이 최고의 문학 작품이듯이, 설교는 세상 작가들의 작품보다 뛰어난 문학 작품이어야 한다고 확신하고 있습니다.

하지만 설교자들은 여전히 바른 성경해석에만 집착하고 있습니다. 그 이유는 신학교에서 성경해석과 성경 묵상만 배웠기 때문입니다. 문제는 그런 유형의 설교를 청중이 받아들지 못한다는 데 있습니다. 그것은 설교가 인문학의 옷을 입어야 한다는 당위성을 말해줍니다.

설교자들의 가장 큰 취약점은 '논리성'입니다. 말이 되지 않는 설교를 하니 청중이 무슨 말인지를 이해하지 못합니다. 논리가 없으면 청중은 설교자의 설교를 귀담아들으려 하지 않습니다. 그래서 "설교는 인문학"이란 정의를 내리고, 해석도 중요하지만 논리성도 이에 못지않게 중요하다는 것을 한국 설교자들에게 깨우치려고 쓴 책입니다.

설교의 구성요소가 해석력, 논리성, 사고력, 문장력, 설교 구성 등인데, 설교에서 특히 구성이 중요합니다. 여러 가지 이유를 종합해 볼 때, 설교는 신학보다는 인문학에 가깝습니다. 그것은 설교가 구성과 문장에 의해 좌우되기 때문입니다.

4. 핵심 콘텐츠

이 책은 인문학이 설교에서 주는 가치와 비중을 설명합니다. 그래서 설교 구성과 설교 글쓰기, 그리고 청중의 마음 읽기에 관해 집중적으로 다루고 있습니다.

첫째, '설교 구성'에서는 개념 시대에 '개념'으로 어떻게 구성하고 글을 쓸 것인가에 대해 다룹니다.

둘째, 설교는 인문학임을 강조하기 위해 수사학, 논증법, 인문학 독서의 중요성, 설교자의 사고력에 대해 다룹니다.

셋째, '마음 읽기'입니다. 마음 읽기는 하나님, 등장인물, 청중의 마음 읽기를 어떻게 할 것인가에 관해 다룹니다. 특히 설교에서 가장 중요하다고 생각되는 '성경의 등장인물의 마음'을 어떻게 읽어야 하는가에 대해 실례를 들어서 다루고 있습니다. 설교는 마음과 마음의 만남, 삶과 삶의 연결이라는 정의를 바탕으로, 공감되는 설교를 해야 함을 강조하고 있습니다.

5. 이 책이 갖는 경쟁력

이 책이 갖는 경쟁력은 두 가지입니다.

첫째는, 한국교회에 "설교는 인문학이다"라는 명제로 나온 책은 이 책이 처음입니다. 설교자의 글쓰기의 중요성을 이야기한 책이 나와 있지만, 설교를 직접적으로 인문학이라고 말한 책이 아직은 없습니다.

필자도 설교가 인문학이라는 것을 깨닫기까지 수천 권의 독서와 나름대로 글쓰기가 필요했습니다. 필자는 종종 설교가 인문학이란 말을 책에서 접하고 있습니다. 그러므로 앞으로는 이에 대한 책들이 출간될 것으로 생각됩니다. 그렇지 않으면 한국교회의 존립 자체가 흔들리게 될 것입니다.

둘째는, 요즘은 교회가 수적으로 부흥되지 않습니다. 아니, 정체가 부흥이라고까지 말을 합니다. 하지만 필자에게 설교를 배우는 설교자들은 설교만으로 부흥을 경험하고 있습니다. 이런 현상은 정상적으로 수업에 따라오는 설교자라면 한 명도 예외가 없습니다. 그러므로 이보다 더 좋은 이 책의 경쟁력은 없다고 생각됩니다.

6. 이 책의 가치

이 책은 한 편으로는 설교자에게 새로운 안목을 갖게 하므로 큰 도전을 줄 것입니다. 또 다른 한편으로는 수용의 폭이 좁은 설교자들에게 비판을 받을 것입니다. 설교를 바른 성경의 해석으로만 생각하는 분들에게는 설교 취급을 받지 못할 수도 있습니다. 하지만 수용할 줄 아는 설교자, 배움을 중요하게 여기는 설교자, 설교에서 구성과 문장이 중요하다고 생각하는 설교자들에게는 대대적인 환영을 받을 것입니다.

지금 세상은 "다름"을 중시하고 있습니다. 사고의 폭이 좁은 사람은 다름을 틀림이라고 생각하겠지만, 조금 생각할 줄 아는 사람은 다름을 아름다움으로 보기 때문에, 앞으로 이 책이 한국교회 설교를 이끌어갈 것으로 생각됩니다. 특히 젊은 설교자들에게는 설교 사역에 단비와 같은 역할을 할 것입니다. 그들은 이미 다양한 세상에서 설교자에게 인문학이 절대적으로 필요하다는 것을 알고 있기 때문입니다.

7. 홍보 및 마케팅 아이디어

홍보는 지금 제가 섬기고 있는 <아트설교 아카데미> 회원들과 저의 블로그, 페이스북 등을 통하여 홍보할 것입니다. 필자가 우리나라 설교 세미나 중에서 유일하게 설교의 구성과 글쓰기를 가르치므로, 많은 곳에서 강의 요청이 들어올 것이라고 확신합니다. 그러므로 강의를 통해 마케팅은 자연스럽게 이루어질 것입니다.

또한 매주 모임이 열리고 있는 서울, 대구, 부산 모임을 통해 마케팅이 이루어질 것입니다. 필자는 지금까지 세미나를 매달 한 번씩 하였습니다. 내년에도 매달 한 번씩 세미나를 할 계획입니다. 그때 많은 설교자에게 책에 대한 홍보가 이루어질 것입니다. 장기적으로 보면 판매에는 큰 지장이 없다고 확신합니다.

8. 목차

프롤로그

Chapter 1. 당신의 설교 철학은 무엇인가?

    1. 설교 철학이 무엇인가?

    2. 설교를 잘 하려 하지 말고 좋은 설교자 되려고 해라

    3. 설교는 시간과 정비례한다

    4. 설교는 밥상 차리기다

Chapter 2. 본문, 깊이 있게 묵상하라

    1. '창조적 성경 묵상'을 하라

책 쓰기!
나도 할 수 있다

책 쓰기!
나도 할 수 있다

6. 책 쓰기의 마침표는 홍보다

ㄱ ㄴ ㄷ ㄹ ㅁ ㅂ ㅅ   ㅇ ㅈ ㅊ ㅋ ㅌ ㅍ ㅎ

책 홍보에 최선을 다하라

책을 썼다고 저자의 할 일이 끝나는 것은 아니다. 책을 썼으면 그 책을 홍보해야 한다. 책 쓰기의 마지막은 홍보다. 출판사에만 맡겨 놓으면 안 된다. 그러므로 홍보에 마지노선을 긋고, 최선을 다해 책을 알려야 한다. 만약 홍보를 게을리하면 책은 그대로 묻혀버릴 가능성이 높다.

에디터 양춘미는 그녀의 책《출판사 에디터가 알려주는 책 쓰기 기술》에서 책 판매의 어려움에 관해 말한다. 저자들은 자신의 타깃 독자가 많다고 이야기한단다. 하지만 타깃 독자 중 책을 사주는 사람은 1%라고 한다.

이 말에 전적으로 동의한다. 페이스북 등 SNS로 연결된 친구가 있다고 해도, 책을 구매하는 사람은 거의 없다고 봐야 한다. 그녀의 말대로라면 이렇다. 페이스북 친구가 5,000명이라면 그중에 책을 살 사람은 1%

인 50명에 불과하다는 계산이 나온다. 책 판매가 얼마나 어려운 일인지를 말해준다. 그러므로 저자는 책 쓰기는 물론 책 홍보에도 전심전력全心全力해야 한다.

출판사는 저자의 인지도만을 본다

출판사가 저자에게 보는 것은 단 한 가지인 것 같다. 곧, 저자가 책 판매에 영향력을 지닌 사람인가 여부이다. 출판사에서 목회자 저자에게 보는 것은 '교인의 수가 몇 명이냐?'이다. 결국 출판사가 보는 것은 저자의 유명세다.

저자들은 출판사가 책의 내용이나 글쓰기의 능력을 봐주기를 원한다. 하지만 출판사가 보는 것은 책의 내용과 글쓰기 능력이 아니다. 그저 저자의 인지도만 본다.

출판사가 저자를 인지도로 판단하는 것은, 책이 팔려야 운영이 가능한 현실 때문이다. 많은 출판사는 저자의 장래성도 거의 보지 않는 것 같다. 당장 저자의 판매력만 본다. 만약 저자의 인지도가 낮으면 완곡한 답장으로 형식적인 답을 할 뿐이다.

"저희 출판사와 맞지 않습니다. 다른 출판사에서 출판의 길이 열리기를 소망합니다."

출판사만 저자의 인지도를 보는 것은 아니다. 저자도 인지도가 높은 출판사만을 본다. 결국, 저자나 출판사가 보는 것은 인지도이다. 그러므로 책의 출판은 책의 내용이 어떠냐가 아니라 인지도에 달렸다고 해도 과언이 아니다.

기독교 출판사의 판매 순위를 참고하라

인터넷 서점 '알라딘'에 분야마다 출판사의 순위가 매겨져 있다. 이는 기독교도 예외가 아니다. 알라딘에서 찾아볼 수 있는 기독교 출판사 순위는 1위부터 42위까지이다. 순위는 각 출판사의 책의 판매 포인트인 'Sale Point'의 합계 점수이다. 이는 독자에게 책을 많이 판매하는 출판사가 좋은 출판사라고 이야기하는 것이다.

도서관도 소위 메이저 출판사 위주로 책을 입고하는 것 같다. 아내 후배가 도서관 관장인데, 나의 《이기는 독서》가 출간된 뒤 도서관에 입고를 부탁했었다. 첫 마디가 "어느 출판사에서 책을 출간했느냐?"였다.

나는 순진하게 이렇게 말했다. "책의 내용을 보고 입고해야 하는 것 아니냐?" 그랬더니 "우리가 보는 것은 유명한 저자와 알려진 출판사"라는 대답이 돌아왔다. 도서관의 책 입고 원칙이 '꽤 지명도가 있는 출판사의 책'이었던 것이다.

1인 출판사를 시작하면서 뼈저리게 느끼는 것은, 출판사의 인지도가 책 출간 의뢰에도 결정적인 영향을 미친다는 것이다. 그렇기에 누구나 인지도가 높은 출판사에서 책을 출간하길 원한다. 그럴지라도 우리가 더 고민해야 할 것은, 자신의 책을 가장 잘 출판하고 홍보해 주는 출판사가 어디일까 하는 것이다.

일반 출판사의 판매 전략을 참고하라

출판사는 책마다 판매 전략을 세워서 책을 출간한다. 전략을 세우지 않으면 무수하게 쏟아져 나오는 책 중에서 판매된다는 보장이 없기 때문이다. 상업적으로 판매되는 책은 대체로 5% 정도라고 한다.

일반 출판사의 책 판매 전략에 관한 강의를 들을 기회가 있었다. 그 출판사의 판매 전략은 아래와 같다.

첫째, 틈새시장을 공략해 1만 부를 판매한다.

둘째, 카테고리 주도 시장은 3만 부를 판매한다.

셋째, 시장 주도 상품은 베스트셀러 20위 안에 들도록 한다.

넷째, 5,000부 판매되는 것을 의미 상품으로 규정한다. 5,000부를 판매할 수 있다면 책 출간에 만족한다.

출판사들이 신간 출시 후에 목표로 삼는 것이 1주나 혹은 2주 안에 해당 분야 20위 안으로 진입하는 것이다. 더 나아가, 출간된 책이 주도성을 가지려면 종합 순위 5위 안에 들어가기를 바란다.

유튜브가 활성화되면서 최근에는 판매 전략이 바뀌고 있다. 유튜브 구독자와 조회 수가 많은 '파워 유튜버'를 통해 책을 소개하는 전략을 펼치고 있다. 유명한 유튜버가 책을 소개하면 판매량은 저절로 올라간다. 그래서 유명한 유튜버에게 비용을 지급하면서까지 책을 소개하게 한다.

기독교 출판업은 '사업'이 아니라 '사명'이다

내가 책을 출간할 때, 메이저 출판사는 '종교 역학' 분야 20위 안에 들어가기를 원했다. 웬만한 책이 아니면 그 순위에 들어가는 것이 어렵기 때문이다.

소문에 의하면 기독교 도서는 일반도서와 비교해서 10분의 1도 판매가 안 된다고 한다. 내가 보기에는 20분의 1도 안 되는 것 같다. 기독교인 중에 책을 구매하는 사람이 1만 명이 채 안 되는 것 같기 때문이다.

기독교 출판이 매우 어렵다. 2019년 기독교 출판 동향에 따르면, 기독교 출판은 이젠 '사업'이 아니라 '사명'으로 해야 한다는 말이 나오고 있다. 이젠 기독교 출판으로 수입을 올릴 수 없는 구조가 되었다는 뜻이다.

출판사를 시작하면서 출판사 관련된 분들과 대화가 조금 많아졌다. 그들이 입버릇처럼 하는 말이 있다.

"너무 어렵습니다. 책 좀 팔아 주세요. 그리고 힘내십시오."

기독교 서적은 2쇄 찍기도 쉽지 않은 상황이다. 이젠 성경도 읽지 않는데, 책 읽기를 기대하는 것은 꿈같은 일이다. 여기다 전공 서적류는 판매가 더 어렵다고 한다.

일반 책의 성공률이 5%라고 하는데, 기독교 서적은 몇 %나 될까? 분명히 5% 미만일 것이다. 한창 코로나19가 진행되던 2020년에, 500부만 판매되면 소원이 없겠다는 것이 작은 출판사의 바람이었다.

열악한 기독교 출판사는 책 1,000부를 판매하기도 쉽지 않다. 세무서 공무원인 교인이 '나의 책은 대부분 2쇄 이상을 찍었다'고 하니 무척 놀라면서 이런 말을 했다.

"진짜세요!"

기독교 서적이 2쇄 찍기가 어렵다는 것을 세무서 직원들은 이미 알고 있었다. 이런 상황에서 기독교 출판업은 '사명'으로 해야 한다. 기독교 출판으로 이익을 남기겠다고 하는 시기는 이미 지났다. 그러므로 기독교 출판을 하려는 사람이 있다면 사업의 꿈을 접고, 사명을 품고 뛰어들어야 한다.

저자도 판매 전략을 갖고 있어야 한다

나의 경험에 의하면, 책은 출판사도 팔지만 대부분 저자가 판매하는 것 같다. 책 판매에서는 저자의 파워가 제일 막강하기 때문이다. 나의 경우를 봐도 그렇다. 책을 살 때 출판사보다는 저자를 보고 결정한다. 또한 저자가 홍보하면 감동이 되어 구입하기도 한다. 그러므로 저자는 자신의 인지도를 높이려 노력해야 한다.

저자의 파워를 보여준 대표적인 사람이 《언어의 온도》의 저자인 이기주다. 그는 책을 출간한 뒤 전국의 서점을 돌아다니며 홍보를 했다는 일화로 유명하다. 그의 적극적인 홍보로 인해 책 판매는 역주행했고, 결국 <3주년 150만 부 기념 에디션양장>까지 내기에 이르렀다.

기독교 서적으로는 미국 구세군 샌프란시스코재활원교회 담임인 제시카 윤의 《잠근 동산》 등 세 권이 유튜브를 통해 알려지면서 3년 만에 역주행한 일이 있다.

이처럼 저자도 분명한 판매 전략을 갖고 출간해야 한다. 나의 책 판매 전력은 다작多作이다. 다작을 통해 독자들에게 알려지는 판매 전략을 펼치고 있다. 나도 다작한 저자들의 책을 통해 그 저자들을 알았기 때문이다.

7. 작가의 최대 관심사! 인세

나도 인세를 받고 싶다

"나도 인세를 받고 싶다."

첫 책을 출간하면서 꾸었던 꿈이다. 저자들의 최대 관심사는 '인세'이다. 이제는 나도 인세를 받는 저자가 되었다.

유명 작가들은 천문학적인 인세를 받는다. 2017년 5월 tvN 〈현장 토크쇼 택시〉 프로그램에 이지성 작가가 출연해, 인세로 40억을 받았다고 말했다. 일본 작가 모리 히로시는 20년간 쓴 책의 인세로 153억 원을 받았다고 한다. 그의 책은 총 1,400만 부가 판매되었다.

작가의 삶을 시작하면서 꾸는 꿈이 '인세를 받는 작가'이다. 그런데 이것이 기독교 출판 시장에서는 말처럼 쉽지 않다. 메이저 출판사에서 책을 출간하기 힘들다면 인세를 기대하기는 쉽지 않다. 책을 출간하기보다 힘든 것이 인세 받는 작가가 되는 것이다. 하지만 못 넘을 산이 없듯이, 인세를 받지 못할 사람은 없다.

나도 책을 몇 권 출간할 때까지는 인세를 상상도 못 해 봤다. 그러나 '천리 길도 한 걸음부터'라고, 한 걸음씩 가다 보면 인세를 받을 때가 반드시 온다. 내가 그랬다.

인세 계약

사람들은 인세를 책값의 10%로 알고 있다. 인세를 받고 책을 출간하기도 쉽지 않지만, 10%의 인세를 받는 것은 더욱 만만치 않은 일이다.

출판사마다 인세에 대한 조건이 다르다. 모 출판사는 책을 찍자마자 인세를 준다. 모 출판사는 책이 팔린 뒤 인세를 준다. 모 출판사는 1쇄는 인세가 없고, 2쇄부터 인세가 있다. 모 출판사는 인세가 아예 없다. 그저 책을 출간하는 것으로 만족해야 한다.

그럼 저자는 몇 %를 인세로 받는가? 처음 인세를 받는다면 7%에서 8% 정도를 받는다. 조금 인지도가 높아지면 10% 정도를 받는다. 베스트셀러 작가가 되면 12% 정도를 받는다고 한다. 아무튼 인세는 모든 저자의 꿈이지만, 소수에게만 해당한다고 할 수 있다.

인세를 받을 수 있는 확정된 길이 있다. 자비출판이다. 자비로 출판하면 정가의 40%를 인세로 받을 수 있다. 인세를 받는 행복감은 엄청나다. 나는 인세를 처음 받을 때의 감격을 지금도 잊지 못해 간직하고 있다. 인세가 준 행복감이 생각 이상으로 컸기 때문이다.

책 쓰기!
나도 할 수 있다

에필로그

독서와 글쓰기에 집중하라

장석주는 《글쓰기는 스타일이다》에서 작가와 고양이의 공통점을 이야기한다.

첫째, 계속 집중한다.

둘째, 신비주의를 고수한다.

셋째, 조용히 사냥한다. 즉 기록한다.

넷째, 독립적이다.

다섯째, 가만히, 말없이 오랜 시간을 버틴다.

책을 쓰려면 고립과 고독은 필수이다. 미국의 작가이자 농부인 웬델 베리Wendell Berry의 <시인이 되는 법>의 첫 번째 행은 "앉을 자리를 만들어라"이고, 두 번째 행은 "앉아라, 침묵하라"이다. 글을 쓸 때 오롯한 고립과 고독은 필수 조건이다.

책을 쓰려면 독서와 글쓰기가 뒤따라야 한다. 할 수만 있다면 많은 책을 읽어야 한다. 할 수만 있다면 많은 글을 써야 한다. 그리고 글을 많이 쓰되, 보상을 바라지 않아야 한다.

> "하찮은 재능을 가진 이들은 글을 조금 쓰고, 큰 보상을 바란다.
> 위대한 재능을 가진 이들은 많이 쓰면서 작은 보상에도 만족한다."

아주 멋있는 말이다. 작가는 세상을 깨우는 사람이지, 남보다 잘사는 사람이 아니다.

주 종목을 정해라

책을 쓸 때, 어떤 분야를 쓸 것인가가 중요하다. 운동에도 종목이 중요한 것과 같은 이치다. 운동에는 육상, 축구, 수영 등 많은 종목이 있다. 그중에 자기가 하고 싶은, 자신의 몸과 잘 맞는 종목을 정해야 한다.

신학을 공부한다면, 성경신학, 조직신학, 역사신학, 실천신학 중 하나를 정해야 한다. 목회자의 주 종목은 신학의 테두리 안에 있다. 곧 교회, 예배, 기도, 묵상, 리더십, 신앙생활, 감사, 교회, 하브루타 등으로 자신이 전공한 것, 관심이 많은 것, 잘 쓸 수 있는 것으로 쓰면 된다.

그중에서 어떤 종목도 상관없다. 그리스도인이라면 어떤 것이든 할 수 있다. 신앙, 경제, 경영, 철학, 역사, 자기 계발, 소설, 에세이, 웹툰, 웹소설 등으로 쓰면 된다.

주 종목으로 책을 쓰되, 적어도 3권 이상 쓰면 된다. 그 이상을 쓰면 더욱 좋다. 나의 경우 '설교'를 주 종목으로 5권의 책을 썼다. 그 결과 '설교'가 나를 대표하고 있다. 나의 '설교'와 관련된 책은 《설교는 글쓰기다》, 《설교는 인문학이다》, 《설교를 통해 배운다》, 《설교자와 묵상》, 《인문학, 설교에 어떻게 활용할 것인가》이다.

설교에서도 '설교 글쓰기'가 주 종목이다. 《설교는 글쓰기다》, 《나만의 설교를 만드는 글쓰기 특강》을 썼다. 그리고 두 권을 더 써 놓고, 출간의 시기를 조율하고 있다.

13년째 인문학 독서를 했기 때문에 저절로 인문학도 주 종목이 되었다. 《설교는 인문학이다》, 《설교자, 왜 인문학을 공부해야 하는가?》, 《인문학, 설교에 어떻게 활용할 것인가?》를 썼다. 그리고 《인문학으로 성경 읽기》, 《심리학으로 성경 읽기》를 썼다. 이 두 책은 출간의 시기를 조율하고 있다.

나의 주 종목은 '설교'다. 설교를 연구하다 보니 '설교 글쓰기', '인문학'으로까지 주 종목이 확대되었다. 위의 책들은 종교 분야의 베스트셀러이자 스터디셀러가 되었다. 그 이유는 '설교'라는 주 종목 덕분이다.

책을 쓸 때는 자신만의 주 종목이 있어야 한다. 주 종목이 있으면 독자들에게 자신이 어떤 저자인지 어필할 수 있다. 그러므로 책을 쓰기 전에 어떤 분야를 쓸지 주 종목을 선정해야 한다. 그리고 적어도 3권 이상을 써야 한다.

책 쓰기에 집중하라

주 종목이 정해졌으면 책 쓰기에 집중해야 한다. 학생은 공부에 집중한다. 직장인은 직업에 집중한다. 목회자는 목회에 집중한다. 그리스도인은 신앙생활과 사회생활에 집중한다. 마찬가지로 책을 쓰기로 했으면 책 쓰기에 집중해야 한다. 집중하지 않으면 책을 못 쓸 수도 있다.

"얻으려면 버려라"라는 말이 있다. 책을 쓰고자 한다면 책 쓰기에 방해되는 것들을 버려야 한다. 세상의 이치는 버릴 것을 버려야 원하는 것을 얻을 수 있다. 그러므로 버릴 때는 과감하게 버려야 한다. 그래야 책 쓰기를 할 수 있다.

나는 책을 쓸 때는 사람을 만나는 것도 절제한다. 방문할 곳이 있어도 거의 방문하지 않는다. 스스로 고립을 자초해, 고독한 상태에서 책 쓰기에 전념한다. 버릴 것을 버리려면, 두 마음이 아니라 한마음을 품어야 한다. 성경 시편 119편 113절과 야고보서 4장 8절은 두 마음을 품지 말라고 한다.

> 내가 두 마음 품는 자들을 미워하고 주의 법을 사랑하나이다
>
> _시 119:113

> 하나님을 가까이하라 그리하면 너희를 가까이하시리라 죄인들아 손을 깨끗이 하라 두 마음을 품은 자들아 마음을 성결하게 하라
>
> _약 4:8

책 쓰기 한 가지 하는 것만으로 족하게 여겨야 한다. 만약에 두 마음을 품으면 둘 다 실패할 확률이 높다. 한 가지에 집중해도 원하는 결과를 얻기가 만만치 않다. 그러므로 책을 쓰려면 두 마음 품기를 그쳐야 한다. 버릴 것을 단호하게 버려야 한다.

나는 꽤 오래전부터 '책 쓰기 여행'을 하고 있다. 주로 혼자 국내로, 해외로 책을 쓰기 위한 여행을 했다. 그 이유는 고독을 통과해야 책이 써지기 때문이다.

홀로 책 쓰기 여행을 하다가 DECORUM 연구소 소장인 이재영 목사와 함께 베트남 책 쓰기 여행을 다녀온 뒤, 책을 쓰고자 하는 사람들과 함께 책 쓰기 여행을 하고 있다. 이는 두 마음을 품지 않고, 오로지 책 쓰기에 집중하기 위함이다.

씨름에서 가장 기본이 되는 기술이 들배지기다. 상대를 번쩍 들어올려야 다른 기술을 걸 수 있기 때문이다. 씨름에서 상대를 번쩍 들어 올릴 수 있어야 상대방을 이길 수 있듯이, 중요하지 않은 것은 번쩍 들어서 버려야 좋은 책을 쓸 수 있다. 책을 쓰려면 책 쓰는 것에만 집중해야 한다.

그리스도인이 책을 쓰는 이유는 하나다. 하나님의 영광을 드러내기 위해서다. 하나님의 얼굴과 영광을 드러내는 삶을 살고자 하면 책 쓰기에 집중해야 한다. 그러면 하나님께서 계획된 책 쓰기를 마칠 수 있도록 은혜를 부어주신다.

실패를 거울삼아라

이 책이 나오기까지 수없는 실패를 경험했다. 책을 쓴다는 것은 시행착오를 많이 했다는 것이다.

이 책이 나의 15번째 책이다. 이때까지의 책 쓰기는 실패의 연속이었다. 그렇다고 차후에는 실패하지 않으리라는 보장도 없다. 또 실패할 것이다. 그럴지라도 또 써야 한다. 책을 쓰면서 실패를 두려워할 필요는 없다. 실패는 당연하다.

유명한 격언처럼 '실패는 성공의 어머니!'이다. 그 이유는 실패를 통해 제대로 된 길을 찾기 때문이다. 이 책을 쓰면서도 많은 실패를 경험했다. 그 결과 이 책이 나올 수 있었다. 그러므로 실패에 좌절하지 말고, 실패를 거울삼아야 한다. 그리고 실패를 딛고 일어서야 한다. 실패를 딛고 일어선 후 하나님을 바라보며 책을 써야 한다. 그러면 하나님께서 책을 쓸 힘을 주신다.

교회는 책 쓰는 인재를 키워야 한다

삼성 창업주 이병철은 인재에 관심이 많았다. 1980년 7월, 그가 어느 경제단체에서 '기업이란 무엇인가?'를 이야기하면서 인재의 관심사를 이렇게 말한다.

"기업은 사람이다. 기업은 문자 그대로 업을 기획하는 것이다. 그런데 세상의 많은 사람들은 사람이 기업을 경영한다는 이 소박한 원리를 잊고 있는 것 같다. 세상에는 돈이 돈을 번다는 말이 유포

되고 있지만, 돈을 버는 것은 돈이나 권력이 아니라 사람인 것이다. 나는 내 일생을 통해 한 80%는 인재를 모으고, 기르고, 육성하는 데 시간을 보냈다. 삼성이 발전한 것도 유능한 인재를 많이 기용한 결과이다.”

삼성의 발전이 '인재를 많이 기용한 결과'라고 말한다. 2021년 6월 17일 기준으로 삼성은 시가총액 세계 13위 기업이다. 애플이 1위이고, 마이크로소프트가 2위이다.

책 쓰기는 인재 키우기에 한몫을 한다. 책을 쓰려면 독서, 글쓰기가 뒷받침되어야 한다. 김미경은 《김미경의 리부트》에서 "책을 잘 읽는 것만으로도 어떤 분야에서든 상위 10% 이내에 드는 인재가 될 수 있다고 생각한다"라고 말했다.

신라 시대에는 관리를 등용할 때 그 사람의 독서 범위와 수준을 헤아려 인재를 등용하는 '독서삼품과'를 설치하여 독서를 권장했다. 대한민국의 바로 전에 있었던 조선은 활자 국가이다. 그 말은 책을 가까이하는 나라였다는 말이다. 그래서인지 우리나라에 독서문화가 본격적으로 발전한 것은 성리학이 들어온 뒤인 조선 때의 일이다.

교회는 기본적으로 독서를 권장한다. 그리고 책 쓰기가 사명으로 주어져 있다. 교회는 성경 읽기를 무척 강조한다. 성경 읽기만이 아니라 성경 공부, 큐티, 성경 암송 등을 강조한다. 성경의 저자들은 책을 쓴 사람들이다. 하지만 지금의 교회는 세상에 비교해 책을 쓰는 수가 턱없이 적다.

한국교회는 인재를 키워야 한다. 어떤 인재를 키웠느냐는 책을 통해 알 수 있다. 특히 인재가 부족한 분야가 언론, 법조, 작가 분야이다. 각 분야의 작가들이 많이 배출되어야 한다.

지금의 한국교회는 인재를 키우는 데 관심이 없다. 목회자들은 목회에 너무 바빠서 자기 발전을 위해 투자할 시간이 없다. 교회는 교인들에게 교회 안에서의 신앙생활만 강조한다. 청년들을 당장 써먹기에만 급급할 뿐, 인재로 키우기 위해 투자하지 않는다.

들리는 말로는 신학교에 SKY 대학 출신이 지원하려 하지 않는다고 한다. 교회가 젊은 교역자들을 부려 먹으려고만 하지, 인재로 키우려 하지 않기 때문이다.

이런 분위기에서는 인재가 배출될 수 없다. 인재의 기준인 책 쓰는 목회자를 배출하기 어려운 구조다. 신앙생활만 강조되는 분위기에서는 책을 쓰는 인재가 양산되지 않는다.

세상은 펜의 힘으로 움직인다. 이 펜을 세상에 내어주지 말고 그리스도인들이 붙잡아야 한다. 그래야 지금까지 기독교가 말씀으로 세상을 지배했듯이, 21세기에 그리스도인이 책으로 세상에 하나님의 나라를 실현할 수 있다.

성경 저자들이 성경을 써서 중세 1,000년을 하나님의 나라로 덮었듯이, 그리스도인은 책을 써서 세상을 하나님 나라로 덮고자 하는 꿈을 가져야 한다.

물이 바다를 덮음같이, 하나님의 책과 사람의 책이 그리스도인의 미래를 덮을 그 날이 속히 오기를 바라며….

또한, 한국교회가 세상과 견주어도 손색이 없는 작가를 배출하기를 기대하면서….

"Luce in aitis"

높은 곳에서 밝게 빛나라!

스터디카페 노트북존Notebook Zone에서 김도인 목사가

P.S/ 책 쓰기 코칭을 원하시면 메일

kabod@naver.com로 연락해 주시기 바랍니다.

ㄹ.

글과길